W0064803

Besuchen Sie uns auf www.facebook.com/conbook

1. Auflage 2012
Ausgabe 2012

© 2012 Conbook Medien GmbH, Meerbusch
Alle Rechte vorbehalten.

www.conbook-verlag.de
www.heimatbuch.de

In der Reihe »**Heimatbuch**« bisher ebenfalls erschienen:

Berlin	Murat Topal	ISBN 978-3-934918-84-9
Eifel	Hubert vom Venn	ISBN 978-3-934918-95-5
Hamburg	Tania Kibermanis	ISBN 978-3-943176-19-3
München	Sarah Hakenberg	ISBN 978-3-934918-91-7
Ostfriesland	I. Lienemann, K. Jakob	ISBN 978-3-934918-87-0
Rheinland	Christian Bartel	ISBN 978-3-934918-89-4
Saarland	Detlev Schönauer	ISBN 978-3-934918-94-8
Schwabenland	Holger Hommel	ISBN 978-3-934918-90-0
Tirol	Ludwig Wolfgang Müller	ISBN 978-3-934918-97-9
Westfalen	Mischa-Sarim Vérollet	ISBN 978-3-934918-93-1
Wien	Buchgraber & Brandl	ISBN 978-3-934918-88-7

Projektleitung und Lektorat: Stephan Ditschke
Einbandgestaltung: David Janik
unter Verwendung von Lizenzmaterial © shutterstock.com/Picsfive
Satz: Reihs Satzstudio, Lohmar
Druck und Verarbeitung: CPI – Ebner & Spiegel, Ulm

Printed in Germany

ISBN 978-3-943176-00-1

Die in diesem Buch dargestellten Zusammenhänge, Erlebnisse und Thesen entstam-
men den Erfahrungen und/oder der Fantasie der Autorin und/oder geben ihre Sicht der
Ereignisse wieder. Etwaige Ähnlichkeiten mit lebenden Personen, Unternehmen oder
Institutionen sowie deren Handlungen und Ansichten sind rein zufällig. Die genannten
Fakten wurden mit größtmöglicher Sorgfalt recherchiert, eine Garantie für Richtigkeit
und Vollständigkeit können aber weder der Verlag noch die Autorin übernehmen. Leser-
meinungen gerne an feedback@conbook.de

Mia Pittroff

»Mia san mia«
sind die anderen

FRANKEN

ein *Heimatbuch*

Was ist eigentlich – Franken? Bloß ein Landstrich im nördlichen Bayern oder doch eher eine Geisteshaltung? Ehemaliges Zonenrandgebiet, Bierregion und Heimat des 1. FC Nürnberg oder ein Haufen versprengter Lokalpatrioten jenseits des Weißwurstäquators? Warum sprechen Franken aus Prinzip kein Rachen-R, was hat es mit weichem »b« und *haddm* »d« auf sich und warum übernehmen die »Bedras« bald die Weltherrschaft? Warum ist der Karpfen der Clochard unter den Fischen und was hat eine gebackene Schweineschulter mit modernem Feminismus zu tun?

Mal eigen und verspielt, mal fremdelnd, mal staunend ergründet die gebürtige Bayreutherein **Mia Pittroff** mit ihren Erzählungen und Spinnereien, Tiraden und Betrachtungen den herben Charme des fränkischen Kosmos – und macht durch die Erfindung der Leberkäsemaske ganz nebenbei den Gang in den Schönheitssalon überflüssig.

Keinen eigenen *Tatort*, aber dafür 200 Biersorten – ein fränkisches Gelage mit Kabarettistin Mia Pittroff.

Mia Pitroff, geboren in einer lauen Aprilnacht 1980, wuchs an der Autobahnausfahrt Nord im oberfränkischen Bayreuth auf. Ob der erhöhte Kohlenmonoxidgehalt ihrer Kindheit Einfluss auf ihre Karriere als Mundartautorin, Poetry Slammerin und Kabarettistin hatte, ist bis dato ungeklärt. Seit 2010 tourt die studierte Germanistin und Kunsthistorikerin mit ihrem Soloprogramm *Mein Laminat, die Sabine* und ich über deutschsprachige Kabarett- und Fernsehbühnen, schreibt als freie Autorin für den Bayerischen Rundfunk und trägt Gedichte auf 60sten Geburtstagen vor. Mia Pittroff lebt derzeit in Berlin.

Inhalt

* * *

A weng a Vor(w)ort

Ein paar Bilder meiner Kindheit sind mir noch sehr klar im Gedächtnis, allen voran der blaue fränkische Himmel, die saftigen Wiesen und weiten Felder, in denen wir als Kinder Verstecken spielten. Meine Oma, von uns ganz ohne Ironie »Großmutter« genannt, die uns tagein, tagaus die Milchkanne mit der noch euterwarmen Milch in der von jahrzehntelanger Feldarbeit gegerbten Hand, zum Abendbrot rief. Wir verzehrten es schweigend im Herrgottswinkel der Stube, die ganze Familie saß beisammen wie schon Generationen vor uns, meine rechtschaffenen Eltern und meine zehn Geschwister, vereint um den kargen, aber mit erdiger Liebe gedeckten Tisch: frisches Brot und Fleisch vom benachbarten Bauernhof. Klar, Ökoläden gab es damals noch nicht, aber das Essen war vermutlich ökologisch korrekter, als jedes moderne Biosiegel es uns heute weismachen könnte.

Mein Bruder war bei der freiwilligen Feuerwehr und kam häufig noch in seiner Feuerwehrmontur und mit einem ersten Feierabendbier im Atem nach Hause. Am Sonntag gab es nach der Kirche meist Sauerbraten mit Klößen, nach einem alten Familienrezept, das noch von meiner Ururururoma stammte, die wir ganz ironiefrei »Urururgroßmutter« nannten. Meine Freundinnen im Kindergarten und in der Schule hießen Daniela, Manuela und Melanie, waren allesamt römisch-katholisch getauft, unser höchstes Glück war es, am Wochenende auf die Kirchweih zu gehen (im Fränkischen *Kerwa* ausgesprochen) – und natürlich dreimal die Woche Bratwürste mit Kraut. Und literweise reiner Apfelsaft, der noch wirklich nach Apfelsaft schmeckte, weil noch wirkliche Äpfel drin waren, und auch nicht irgendwelche, sondern die Äpfel aus dem Garten hinterm Haus.

Meine Eltern: schweigsame, ehrliche und rechtschaffene Menschen mit den für schweigsame, ehrliche und rechtschaffene Menschen üblichen großen, erdigen Händen. Mit denen nahmen sie am Sonntag das Brot – und natürlich nicht irgendein Brot, nein, ein Dem-Herrgott-sei's-gedankt-Bauernbrot, und davon einen ganzen Laib – und schnitten es. Natürlich nicht mit der Maschine, sondern mit einem Brotmesser, das schon meine Urururgroßmutter in ihren ehrlichen, zerfurchten Händen gehalten hatte. Und trotz der vielen Kohlenhydrate, die wir mit dem Bauernbrot täglich zu uns nahmen, hatte niemand ein Problem mit Übergewicht, weil wir als Kinder ja den ganzen Tag über frisch gemähte Wiesen rannten und uns in Maisfeldern versteckten, während meine Eltern die Wiesen mähten oder einer anderen ehrlichen und rechtschaffenen und allein deshalb höchst Kohlenhydrate verbrennenden Arbeit nachgingen. Und über allem die rotweiße Fahne...

Na ja, ganz so hat meine Kindheit in Franken doch nicht ausgesehen.

Ich bin in Bayreuth, der Hauptstadt Oberfrankens, geboren und aufgewachsen. Beim Blick aus dem Wohnzimmer tat sich mir die vierspurige Ausfallstraße zur A9 auf, und das Motorengeräusch der Autos, die auf der A9 vorbeijagten, war der Soundtrack meiner Kindheit und Jugend. An der Ausfallstraße lag das Gelände des örtlichen Milchhofs mit einem zwanzig Meter hohen Schornstein, der dem Arrangement eine gewisse Ruhrpott-Atmosphäre verlieh.

Als der Milchhof vor einigen Jahren geschlossen wurde, hat man den Schornstein gesprengt. Anstelle des Milchhofs blickt man heute auf den blau-gelben Schriftzug einer Baumarktkette. Einen praktischen Nutzen hat die Sache für meine Eltern, die noch immer dort wohnen: Sie müssen jetzt nur noch aus dem Wohnzimmer schauen, um zu wissen, ob gerade der Fünf-Liter-Eimer Spachtelmasse, der neue Liegestuhl aus Echtholzimitat (ohne Auflage) oder das Walnusslaminat mit Trittschalldämmung im Angebot ist. In den zehn Jahren seit meinem Auszug hat sich das Angebot an Läden und Shops

noch erweitert, und so leben meine lieben Eltern mittlerweile auch in direkter Nachbarschaft eines Sexshops
und eines Sonnenstudios, das jedes halbe Jahr den Besitzer und den Namen von Sonnenoase über Ibiza Sun
zu Sun Fun wechselt.

Verlässt man das Haus in die andere Richtung, steht
man in fünf Minuten tatsächlich am Mainufer und kann
den Blick über weite Wiesen schweifen lassen. Und über
die seit einigen Jahren durch eine sehr futuristisch anmu-
tende Naturstein-Plexiglas-Ummantelungschallschutz-
gedämmte A9 gucken, die halb durch Bayreuth und vorbei an Bayreuth führt.

Das schöne und manchmal Paradoxe daran, ein Kind
zu sein, ist ja die Tatsache, dass man das, womit man
aufwächst, lieben lernt, egal ob es sich um hässliche
Stofftiere, prügelnde Eltern oder den Ausblick auf die
fränkische Version von Berlin-Hellersdorf handelt. Und
so hatte und habe ich bis heute Mitleid mit Kindern, die
nicht in direkter Nachbarschaft zu einer Tankstelle auf-
wuchsen und somit nie den Luxus kannten, sich in fünf
Minuten eine Packung Hubba Bubba Erdbeer, ein Ed
von Schleck oder die neue »Bravo« zu kaufen. Oder heimlich Aufkleber in die gefliese, mit abgrundtief schlech-
ten Graffiti ausgekleidete und tagtäglich aufs Neue mit
einer feinen Urinnote verfeinerte Unterführung zu kle-
ben, durch die hartgesottene Fußgänger die vierspurigen
Straße queren, um zum neuen Baumarkt zu gelangen.
Ich gebe zu, bis heute steigen Heimatgefühle in mir auf,

wenn ich an Tankstellen die zarte Benzinnote in der Luft rieche oder Fußgängertunnel durchquere, in denen man glauben könnte, sämtliche öffentliche Autobahntoiletten von München bis Flensburg hätten hier gerade ihr Jahrestreffen abgehalten.

So kann sie eben auch sein, eine Kindheit in Franken. Nicht katholisch und garantiert frei von freiwilliger Feuerwehr, ohne den Kühen, die direkt hinter dem Haus standen, Namen zu geben. Während meines Studiums im durchaus katholischen Bamberg war ich dann aber doch immer wieder erstaunt, wie intensiv und stark manche Traditionen noch heute gelebt werden. Wenn zum Beispiel an Fronleichnam tatsächlich die Schädel von Heinrich und Kunigunde auf einem goldenen Tablett durch die Bamberger Straßen getragen werden. Oder wenn Freunde sich fürs Wochenende entschuldigen, um drei Tage lang bei der heimischen Kirchweih in der Blaskapelle die Posaune zu spielen. Auch die zahlreichen Bockbieranstiche im Herbst, bei denen sich Altbamberger, Zugezogene und Studenten regelmäßig mit hochprozentigem Bier unter den Tisch trinken, lassen erahnen, dass es Generationen vorher nicht anders war.

Franken ist vermutlich genau das: Tradition mit Latte-macchiato-Geschmack, um es einmal in modernkokettem Broschürendeutsch zu sagen. Und nicht nur deshalb ist es eine Herausforderung, über Franken zu schreiben. Es gibt so viele Dinge, über die man schreiben könnte, wie Biersorten in der Fränkischen Schweiz –

und das sind bekanntlich über 200. Mein persönliches Frankenbild aber ist in der langen Zeit entstanden, die ich in Bayreuth und um Bamberg herum zugebracht habe. Alleine der Kontrast der beiden Städte zeigt, wie unterschiedlich Franken aussehen und sich anfühlen kann: Auf der einen Seite die manchmal etwas spröde, nach dem Krieg total zerstörte, dann in der deutschlandweit üblichen und etwas tristen 1960er-Jahre-Optik wieder aufgebauten und noch dazu protestantischen Wagner-, aber vor allem Beamtenstadt Bayreuth. Auf der anderen Seite das katholische, lebensbejahende Wir-haben-nicht-einen-nein-wir-haben-gleich-zwei-Flüsse-und-sind-außerdem-Weltkulturerbe-und-können-uns-vor-barockem-Pomp-nicht-retten-Bamberg.

In der Fränkischen Schweiz von Brauerei zu Brauerei zu ziehen und sich dem langsamen, aber irgendwann durchaus spürbaren Bierrausch hinzugeben – oder sich in den Heckenwirtschaften zwischen Schweinfurt und Aschaffenburg mit Blick auf die Weinberge und mit einem Bocksbeutel auf dem Tisch wie im Elsassurlaub zu fühlen: Beides ist möglich. Im Winter im Fichtelgebirge Skifahren, im Sommer zwischen Weinbergen den Main entlangradeln oder in der Fränkischen Schweiz (Insider sagen auch gern »die Fränkische«) an einem Felsen hängen und Reinhold Messner für Arme spielen, all das ist möglich. Ganz weltläufig wird Franken, wenn im Sommer die Sambatruppen aus São Paulo, Zürich und Hattersheim durch Coburg ziehen, die Würzburger beim Africa Festival zu traditioneller und avantgardistischer Folklore aus Afrika und dem Rest der Welt abtanzen oder beim Bardentreffen in Nürnberg neue und alte, bekannte und unbekannte Bands zwischen Karstadt, Weißem Turm, McDonald's und Hauptmarkt die großen Bühnen ebenso wie das hart erkämpfte Stückchen Gehsteig bespielen. Sich auf dem *Berch*, der Bergkirchweih in Erlangen, die Kante zu geben und währenddessen über die Autoren zu diskutieren, die etwas später im Jahr beim Erlanger Poetenfest aus ihren Büchern lesen, das ist Franken. Man kann sich Karten für die Internationalen Hofer Filmtage kaufen und zufällig Wim Wenders treffen. Und dank der Bayreuther Richard-Wagner-Festspiele hat Franken ja sogar seinen eigenen Denver-Clan.

Mit dem Fahrrad stundenlang durch Felder und Wiesen fahren, auf den Kellern zwischen Bamberg und Nürnberg eine Pause einlegen, sich im Freilandmuseum in Bad Windsheim Bauernhäuser von anno dazumal anschauen und staunen, wie und dass man überhaupt gelebt hat vor 800 oder mehr Jahren, als es noch kein IKEA gab – ja, das gab es damals tatsächlich noch nicht. Ein paar Stunden später kann man schon wieder im Bamberger Morph Club stehen und sich eine Indie-Band aus Kanada ansehen, umgeben von großzügig tätowierten Endzwanzigern mit Hipster-Brillen und Trainingsjacken, die so gar nicht in das übliche Frankenbild passen wollen.

Zwischen all diesen Welten habe ich meine letzten Jahre in Franken verbracht. Und neben dem Fränkischen auch sehr viel Hochdeutsch gehört. In diesem Buch habe ich einige der Dinge verarbeitet, die ich erlebt habe, einige habe ich mir ausgedacht und bei vielen weiß ich gar nicht mehr, in welche dieser beiden Kategorien ich sie einordnen soll. Aber mit Sicherheit habe ich die meisten wichtigen Sachen vergessen. Deshalb finden sich am Ende des Büchleins ein paar freie Seiten für eigene Ergänzungen.

Ich habe versucht, nicht jedes Klischee über Franken zu bemühen, aber das eine oder andere hat sich vermutlich trotzdem eingeschlichen. Und ich habe versucht, die Dinge auf meine Art zu sehen und zu beschreiben. Franken ist meine Heimat, und so widersprüchlich Franken in sich sein kann, so widersprüchlich sind auch meine Gefühle für diesen Landstrich. Mal stürmisch oder zärtlich liebend, mal voller Euphorie, dann wieder genervt und von Auswanderungsgedanken geplagt.

Denn auch diese Seite hat Franken: Auf eine harmlose Frage bekommt man nicht selten eine unfreundliche oder gar keine Antwort. Erkundigt man sich in einer Metzgerei nach einer Wurstsorte, die in der Auslage fehlt, erhält man in anderen Regionen zur Antwort: »Nein, die ist heute leider schon aus. Darf's was anderes sein? Die Mettwurst wäre im Angebot.« In Franken heißt es schlicht: »*Naa. Hammaned.*« Und apropos Fleisch: Auf Speisekarten findet sich zwischen zehn Seiten Fleischgerichten oft nur der unnatürlich bis bösartig vergrößerte Beilagensalat als vegetarische Alternative. Im Regionalexpress zwischen Bamberg und Würzburg flippt man spätestens beim zehnten Junggesellenabschied aus, der versucht, einem nachmittags um drei einen Schnaps anzudrehen. Und wenn man feststellt, dass das Gegenüber tatsächlich nicht weiß, dass neben dem weichen auch ein hartes »t« und außerhalb Frankens tatsächlich intelligentes Leben existiert, dann ist man in Franken.

Wenn Sie in diesem Buch etwas vermissen, dann halten Sie mir zugute, dass ich eine Fränkin bin und stolz darauf, überhaupt so viele Zeichen und Sätze und Seiten produziert zu haben. Ganz klar: Über Franken zu schreiben, ist ein großes Vorhaben. Dieses Buch ist von meinen persönlichen Erlebnissen, Beobachtungen und Erfahrungen geprägt, und ich habe den größten Teil meiner fränkischen Laufbahn in Oberfranken, in Bierfranken verbracht, was man den Texten und Themen sicherlich anmerkt – an dieser Stelle verneige ich mein Haupt vor allen Wein-, Mittel- und Unterfranken, die in diesem Büchlein vielleicht etwas unterrepräsentiert sind. Auf dem Cover des nächsten Franken-Heimatbuchs befinden sich ein Bocksbeutel und Zwiebelkuchen, fest versprochen.

Ich hätte natürlich auch einfach schweigen können und damit vielleicht mehr über Franken gesagt, als es die folgenden Seiten tun können. Ein Buch mit 256 weißen Seiten ist aber nach gängigen Konventionen immer noch ein Notizbuch und steht in den meisten Fällen lediglich am Anfang, niemals am Ende eines Schaffensprozesses. Also öffne ich mir ein Bier, schalte den Computer ein, lege meine Hände auf die Tastatur und freue mich – auf Franken.

Franken – ein Genuss

Genussregion Oberfranken« steht auf einem Schild an der A73 zwischen Bamberg und Bayreuth. Genussregion sind wir also. Andernorts werden Landstriche zu Regionen der Wissenschaft und Technik, der Kultur, der alten Klöster, der schönen Flüsse oder der Industriedenkmäler gekürt. Nein, wir sind schlicht und ergreifend Genussregion. Zur Verdeutlichung sind auf dem Schild Klöße, ein Braten, ein Bier, ein Brot und ein Rettich abgebildet, also alles, was sich der amerikanische Tourist unter *Bavaria* vorstellt. Fehlt nur noch eine Dame im Dirndl, die das Ganze vor ihrem üppigen Busen präsentiert.

Im Vorbeifahren versuche ich immer wieder, mir das Meeting der Kreativagentur vorzustellen, in der dieser Slogan ja irgendwann einmal entstanden sein muss. Irgendwer hat sich das ja schließlich ausgedacht…

Ein heller, in schlichten, aber modernen Farben ge-
haltener Konferenzraum, irgendwo in Nürnberg vielleicht (er könnte aber überall sein). Auftritt Klaus, seines
Zeichens Teamleiter, vor der versammelten Mannschaft,
bestehend aus dem befristet eingestellten Trainee Torben, dem befristet eingestellten Senior Trainee Steffen
und der als Elternzeitvertretung eingestellten Teamlei-
terassistentin Martina. Auf einem Stuhl im Hintergrund:
Senior Chef Heinz.

Klaus: »Gut, jetzt wird zehn Minuten gebrainstormt –
was macht für euch Oberfranken aus?«

Zähes Schweigen. Trainee Torben, der erst seit letz-
ter Woche dabei ist, fummelt verlegen an seinem Kugelschreiber herum. Wie im Schulunterricht blickt das gesamte Kreativteam beschämt zu Boden, weil keinem der
jungen Talente so richtig was einfallen will (tatsächlich
fällt ihnen eigentlich nie etwas ein, das ahnt der Teamleiter an dieser Stelle). Trainee Torben versucht gerade
die Sprungfeder seines Kugelschreibers wieder über die
Mine zu friemeln, als ihn Teamleiter Klaus anspricht:
»Torben, was ist dir zum Thema Oberfranken eingefal-
len? Was ist dein persönlicher Slogan für Oberfranken?
Lass hören!«

Ertappt lässt Torben die Sprungfeder fallen und versucht, zum Thema zurückzukehren.

»Oberfrangn? Region mit Menschn drin, villaichd?
Region der Herzen? Region der Regionen? Regionalregion?
Region mit gerolldem ›r‹?«

»Zungen-R-Roller-Region!«, ruft der Senior Trainee Steffen dazwischen.

Vorsichtiges Gelächter.

»*Traditionsregion? Medrobolregion…?*«

Die Runde erwacht plötzlich zum Leben, etwas hat sich verändert, noch nicht richtig fassbar, doch für alle deutlich spürbar. Der Trainee schließt die Augen, wie in Trance beginnen die Wörter langsam, aber stetig aus ihm herauszufließen.

»*Bierregion, Leberkäsregion, Region der Schweigsamen, Region der waichn Konsonandn…*«

»Ja, weiterweiterweiter!«, ruft Teamleiter Klaus, dem Trainee rinnen Schweißtropfen von der Stirn, er zerbeißt die Feder seines Kugelschreibers…

»*Essen, Trinken, Bier, Bier, Bier, essen, viel essen, mehr Brauereien als die gesamten Vereinigten Staaten von Amerika, Brotzeit, Bier, Leberkäs, Bier…*«

Alle im Raum befindlichen Personen halten den Atem an und spüren, dass hier ein ganz besonderer Moment bevorsteht: die Geburt eines Gedankens. Die Scheiben des Sitzungsraumes sind beschlagen, der Trainee brainstormt weiter, er scheint völlig entrückt: »*Bierkellerregion, Essregion, Fressregion, Saufregion, Bier- und Brodworschd-region, Kerwaregion!*«

»Weiterweiterweiterschnellerschneller«, dröhnt die dumpfe Stimme des Teamleiters.

»*Junggesellenabschiedsregion, Schäufele-Region… GE-NUSSREGION!*«

Plötzlich herrscht Stille im Raum.

Der Trainee geht zu Boden und murmelt noch einmal: »*Genussregion.*«

Alle technischen Geräte im Raum schalten sich mit einem Mal wie von Geisterhand ab und wieder an, die automatischen, wetterfühligen Jalousien fahren einmal rhythmisch hoch und runter, der Teamleiter knallt einen Kasten Bier auf den Tisch, dessen Flaschen sich gleichzeitig wie von selbst öffnen, Bier spritzt durch den Raum, über den Tisch, an die Wände …

»*Genussregion Oberfrangn!*«

Mit einem lauten Knall explodiert die erst letzten Monat nach reichlichen Diskussionen mit der Teamleitung dann doch von den Mitabeitern privat finanzierte und bei eBay ersteigerte Senseo-Kaffeemaschine. Das Bier läuft an den Wänden herunter, Biergeruch verteilt sich im Raum. Der Trainee ringt nach Atem. Der Teamleiter liegt mit geschlossenen Augen auf dem Veloursteppichboden, sein Hemd hat sich bis zum Bauchnabel geöffnet und gibt einen dicht behaarten Bauch frei. Dem oberhalb der fleischigen Ohren schon recht kahlen Senior Chef schießt der Gedanke durch den Kopf, dass er Teamleiter Klaus, der wegen einer Unterhaltsgeschichte ohnehin finanziell recht klamm ist, eventuell einige dieser kräftig und gesund wirkenden Haare für seine Haartransplantation in der kommenden Woche abkaufen könnte, und er beschließt, den Teamleiter in einer diskreten Gesprächssituation genau das zu fragen.

In diesem Moment ploppen noch die restlichen Flaschen des Bierkastens auf, und das Bier verteilt sich nun
endgültig im gesamten Sitzungsraum, auch auf der weißen Bluse der Assistentin, die heute ausnahmsweise mal
keinen BH angezogen hat, um ihren neuen Freund beim
Nachhausekommen zu überraschen etc. etc.

Der Trainee schließt die Augen, vielleicht sogar für
immer.

Wenn Sie sich das Schild einmal ansehen wollen: Es
steht kurz vor der Ausfahrt zur Raststätte Giechburg-
blick vor einer lang gezogenen Kurve. Wer den Spruch
in Wirklichkeit erfunden hat und ob es sich vielleicht
doch gar nicht zugetragen hat, wie soeben geschildert,
weiß die Autorin, die über diesen Zeilen selbst ganz
in Wallung geraten ist, aber auch nicht. Was »Genussregion« bedeutet, aber sehr wohl, und auch dass ganz
Franken eine einzige Genussregion ist – Sie werden
sehen…

Mia san mia – oba doch a weng annersch

Ich spaziere über den Parkplatz des Getränkemarkts im Bayreuther Industriegebiet Nord, als ich Jürgen treffe. Jürgen ist mir suspekt, das war er mir schon immer – wie alle Menschen, die sich nach dem Abitur für einen Lehramtsstudiengang in ihrer mittelgroßen Heimatstadt entscheiden. Gerade hat er seine letzten Prüfungen hinter sich gebracht und geht mit ein paar Kumpeln Bier kaufen, das muss schließlich kräftig gefeiert werden. Ich vermute stark, im Hobbykeller des Elternhauses eines seiner Freunde mit holzgetäfelten Wänden, gefliestem Boden und natürlich Biergarnituren (die Deluxe-Version mit Sitzkissen), mit Frankenfahne und Bierkrugsammlung an der Wand. Dort wollen sie »ordentlich vorglühen«, um anschließend noch wegzugehen, in irgendeinen Club, auch wenn zu erwarten ist, dass sie irgendwann im Laufe des Vorglühens beschließen, nun aber doch nicht mehr wegzugehen, sondern sich mit den verbleibenden drei Kästen Bier einfach gänzlich den Rest zu geben.

Jürgen fragt mich, ob ich nicht auch kommen wolle. Mir fällt so spontan keine Ausrede ein, also sage ich gezwungenermaßen ebenso spontan zu. Drei Stunden später sitze ich im Hobbykeller des Elternhauses eines seiner Freunde mit holzgetäfelten Wänden, gefliestem Boden und Frankenfahne sowie Bierkrugsammlung an der Wand auf einer Bierbank (die Deluxe-Version mit Sitzkissen) und glühe vor. Nicht vor irgendwas, einfach nur vor.

Neben mir sitzt Andi, bester Freund und Fußball-kollege von Jürgen. Andi sagt lange gar nichts, Kommunikation war aber auch noch nie seine Stärke. Ich beschließe, auch kein Gespräch herauszufordern und mich stattdessen weiter dem Vorglühen zu widmen. Eine Weile später sagt Andi dann doch etwas, allerdings mehr zu seiner Bierflasche als zu mir, und ich muss erst einmal nachfragen, ob ich das gerade richtig verstanden habe.

»Ist schon schlimm, das mit dem Jürgen«, sagt Andi. Er verfällt in ein beständiges und irgendwie meditatives Kopfschütteln.

»Jürgen hat doch nicht etwa Krebs?«, frage ich und mache mir für einen kurzen Augenblick wirklich Sorgen.

Andi dreht seinen vom vierten Landbier schweren Kopf zu mir herüber, schaut mir tief in die Augen und sagt langsam und mit einem leichten Lallen: »Nein. Er muss zum Referendariat nach Bayern.«

Andis Gesichtsausdruck und seinem Tonfall zufolge ist dies eine Tatsache, die hinter der Dramatik einer Krebsdiagnose keineswegs zurückstecken muss.

Ich nicke verständnisvoll und wage es nachzufragen: »Was ist denn so schlimm an Bayern?«

Andis Blick wird für einen Moment klarer, auch er studiert Lehramt, und ich habe das Gefühl, eine Art missionarischer Eifer scheint über ihn zu kommen. Vielleicht stellt er aber auch nur fest, dass ich aufgrund meiner Naivität und meines scheinbar fehlenden Patriotismus wohl doch keine potenzielle Freundin für ihn bin. Dann war es das mit der Klarheit, er schaut mich aus zwei vom Alkohol trüben Murmeln an, um den Blick wieder auf die vor ihm stehende Bierflasche zu senken, atmet etwas pathetisch ein und wieder aus, wendet sich noch einmal zu mir und hebt an: »Na, Bayern ...«

Pause.

»... ist halt Bayern halt.« (Das letzte »halt« ist kein Druckfehler, das sagt er wirklich so.)

Schweigen.

»Und Franken ist halt Franken halt?«, versuche ich weiterzudenken, vor allem aber das Schweigen zu beenden.

»Genau.«

Irgendwie stagniert das Gespräch an dieser Stelle. Ich warte auf eine Erklärung, aber da kommt nichts. Soll ich noch einmal fragen? Ich nehme meinen ganzen Mut zusammen und stelle erneut die alles entscheidende Frage: »Und was genau ist so schlimm an Bayern?«

»In Bayern, ich meine, die können nicht mal ein *gscheids* Bier brauen und denken trotzdem, sie sind der Nabel der Welt.«

Wieder Schweigen. Für einen Moment warte ich auf differenziertere argumentative Ausführungen, aber das war wohl schon alles. Vielleicht etwas dünn als Argumentation gegen Bayern, aber... ist da tatsächlich ein Glitzern in Andis Augenwinkel? Ich muss an den Echt-Song *Weinst du* von vor 100.000 Jahren denken, halte ein Zitat aber für ebenso unangebracht wie Andis Träne wegzuküssen, um zu probieren, ob sie salzig schmeckt. Oder ist das vielleicht der Regen, der von der Hobby-kellerdecke tropft? Bin ich eigentlich die Einzige, der sich diese literarisch echt (Wortwitz!) unterirdische Text-zeile scheinbar für alle Zeiten ins Hirn gebrannt hat?

Ich weiß gar nicht warum, vielleicht um das Schwei-gen zu brechen, vielleicht aber auch, um Andi daran zu hindern, zu weinen anzufangen, sagt ein mir ganz unbe-kanntes Wesen, das Besitz von meinem Körper genom-men hat, jedenfalls: »Ja, die Scheiß-Bayern.«

»Ja, die Scheiß-Bayern«, echot Andi leise.

»Scheiß-Bayern!«, rufe ich nun lauter. Ich habe keine Ahnung, welche innere Stimme mir das eingibt.

»Scheiß-Bayern!« Das war Jürgens angeschlagene Stimme vom anderen Ende des gefliesten Zimmers.

»Scheiß-Bayern!«, kommt es aus einer anderen Richtung. Die Situation gewinnt an Eigendynamik.

Mein sportlich-rhetorischer Ehrgeiz ist geweckt, ich
versuche mich an einer Klimax: »Die blöden Scheiß-
drecksbayern!«

Das mit der Eigendynamik scheint doch nur meine
Einbildung gewesen zu sein. Statt die Raumtempera-
tur ins Unermessliche zu steigern und die Situation
noch weiter zuzuspitzen, bleibt mein nicht sehr origi-
neller Schlachtruf in der Stille des Hobbykellers hängen, schwebt ein paar Sekunden unter der holzverklei-
deten Decke, schaut mich noch einmal vorwurfsvoll an
und fällt dann zu Boden. Betretenes Schweigen. Und
beschämtes Schweigen meinerseits. Das hätte ja nun
wirklich nicht sein müssen. Aber die anderen scheinen
mich schon gar nicht mehr wahrzunehmen.

Andi schaut wieder auf sein Bier. Nach gefühlten
67 Minuten sagt seine Stimme plötzlich: »*Feischaddwaiernundeslandanken.*«

»Hä?«, frage ich.

»*Feischaddwaiernundeslandanken.*«

»Was?«

Andi, nun lauter: »*Feischaddwaiernundeslandanken!*«

Irgendwer lacht, drückt ihm noch ein Bier in die
Hand und sagt: »Genau.«

Statt in Andis Mantra einzufallen, gemeinsam weiter zu skandieren und anschließend mit brennenden Fa-
ckeln und Frankenfahnen durch die Bayreuther Straßen

zu ziehen und die Loslösung Frankens von seiner seit 1807 währenden Abhängigkeit von Bayern auszurufen, widmen sich alle wieder ihrem Landbier und anderen Themen, zum Beispiel dem Beginn der Karpfensaison. So viel politischen und gesellschaftlichen Sprengstoff gibt das Thema offenbar doch nicht mehr her. Bayern ist eben nicht Spanien und Franken nicht das Baskenland.

Aber auch wenn die emotionale Betroffenheit vielen Franken inzwischen abgeht, ist das eine rhetorische Übung, die jedem Franken im Laufe seines Lebens in Fleisch und Blut übergeht: Nichtwissenden zu erklären, warum Franken zwar geografisch und politisch ein Teil Bayerns ist, man aber trotzdem erheblich falsch liegt, wenn man glaubt, in Bayern zu sein, steigt man in Nürnberg aus dem Zug. Franken gehört zwar zum Freistaat und das darf auch gerne so bleiben, Franken ist und bleibt aber Franken. Ein ganz eigener Kosmos, mit eigener Sprache, eigener Mentalität, eigenen Bräuchen und *last but not least* ganz, ganz eigenem Bier.

Während ich in Bamberg wohnte, passierte es nicht selten, dass Studentn, die es beispielsweise aus dem Norden der Republik nach Franken verschlagen hatte, Eltern und Freunden gegenüber zu Beginn ihres Studiums behaupteten, sie befänden sich in Bayern. Und auch eine Freundin, die zum Studium der Psychologie aus der Landeshauptstadt München nach Bamberg gezogen war, wunderte sich anfangs über die Sprache und die Mentalität, die ihr so gar nicht bayerisch vorkamen.

Alles war in ihren Augen etwas langsamer, die Sprache etwas schwerfälliger und die Menschen fast schon depressiv im Vergleich mit ihren fröhlich-geselligen, Lederhosen tragenden und Maßkrüge stemmenden Landsleuten aus der Hauptstadt.

Die ihr so wohlvertrauten Semmeln waren auf einmal *Brödla* oder *Weggla*, statt mit *Pfiadi* verabschiedet man sich plötzlich mit *Ade*, und mit *Schuhbladdln* konnte hier scheinbar grundsätzlich niemand was anfangen. Von Dirndln und Lederhosen, die ja in jede gut sortierte bayerische Garderobe gehören und mittlerweile auch von Menschen unter 50 wieder zu jeder offiziellen Gelegenheit auch außerhalb des Oktoberfestes getragen werden, war hier ebenfalls weit und breit nichts zu sehen. Wo der Bayer seinem Ärger über erhöhte Benzinpreise oder die eben vor der Nase weggeschnappte Parklücke mit einem herzlichen *Herrgottsakrament!* Luft macht, bekommt man in Franken ein fragendes, fast schon resigniert klingendes *Allmächd!?* zu hören, dem man die dahinter aufgestaute Wut manchmal nur schwer entnehmen kann. Das sollte nun also auch Bayern sein?

Beim ersten Kneipenabend im Schlenkerla in der Bamberger Sandstraße verriet ihr dann einer der neuen Mitstudenten mit Verschwörerstimme: »Nein, das ist nicht Bayern. Das ist Franken.« Aha. Franken also.

Ja, es gibt ihn, den feinen Unterschied zwischen Nord und Süd, und jedem Frankenbesucher sei an dieser Stelle davon abgeraten, in irgendeiner Fußgängerzone in der

Ansbacher, Hofer oder Coburger Innenstadt beim Telefonat mit den Liebsten zu Hause in sein Handy zu brüllen: »Ja, stell dir vor, ich bin gerade für ein paar Tage in Bayern!« Höchstwahrscheinlich wird nichts allzu Dramatisches passieren, wenn man das tut. Der Himmel wird sich nicht auftun und man wird vermutlich nicht beim nächsten Grillfest vor den Augen seiner Liebsten vom Blitz erschlagen. Und falls doch, dann wohl aus eher banalen und physikalisch erklärbaren Gründen. Man wird auch nicht von einer Heuschreckenplage heimgesucht oder in die Hölle kommen, gesetzt den Fall, es gibt diese überhaupt, was ja noch zu beweisen wäre. Es wäre sicherlich auch nicht so misslich, wie in einem Wiener Kaffeehaus ein Lob auf die deutsche Kaffeekultur auszusprechen, vor der Dresdner Frauenkirche enthusiastisch auszurufen, man hätte gar nicht geahnt, wie schön die DDR doch sei, oder dem einheimischen Reiseleiter der Nordkorea-Rundreise von Südkorea vorzuschwärmen.

Ganz so dramatisch ist es nicht, Franken mit Bayern gleichzusetzen.

Der eine oder andere Coburger Passant wird vielleicht das eine oder andere Ende seiner zusammengewachsenen Augenbrauen heben. Sollte dieser eine oder andere Passant es ernst meinen, wird er Ihnen vielleicht die nach Coburger Rostbratwurst riechende Hand auf die Schulter legen und sagen: »Entschuldigen Sie bitte, das stimmt so nicht.«

Franken mit Bayern gleichzusetzen, das ist eher so, wie der neuen Flamme beim ersten Date von den Vorzügen der Exfreundin vorzuschwärmen. Oder wie die seit Jahren mit ihrem Übergewicht kämpfende Bekannte zu fragen, wann es denn nun endlich soweit sei. Solche Fehler können passieren, lassen sich aber durch den Einsatz von Aufmerksamkeit, Beobachtungsgabe und Wissen vermeiden.

Um hier eine Hilfestellung zu geben, möchte ich ein paar kleine, aber grundlegende kulturelle Unterschiede zwischen dem Norden und Süden des Freistaates erläutern:

Die Farbwahl. Was für den Rest der Republik die kulinarisch hochwertige Mischung zweier Soßen bezeichnet, die man gern zu Pommes bestellt, ist der fränkische Inbegriff der Heimatliebe: rot-weiß. Die bayerischen Rauten leuchten weiß-blau wie der viel gerühmte Himmel über Bayern. Franken hat sein eigenes Wappen: den Fränkischen Rechen. Dieser ist nicht blau-weiß kariert, sondern rot-weiß gezackt.

Erst im Frühjahr 2012 kam es im bayerischen Landtag zu einer fränkisch-bayerischen Auseinandersetzung, wobei die Franken und ihr fränkischer Rechen den Sieg davontrugen: Beim alljährlichen Tag der Franken, der jedes Jahr am 2. Juli oder am darauf folgenden Wochenende in einer anderen fränkischen Stadt zelebriert wird, dürfen staatliche Gebäude nun auch die Frankenfahne

hissen. Bis dato war an öffentlichen Gebäuden des Freistaates laut Flaggenverwaltungsverordnung (ja, so was
gibt's) nämlich nur Platz für drei Fahnen: die bayerische, die deutsche und die europäische Flagge. Diese
drei dürfen nun an fränkischen Fahnenmasten ein bisschen enger zusammenrücken – zugunsten des stolz we-
henden rot-weißen Rechens.

Aber warum eigentlich rot-weiß? Ob nun die drei
weißen Zacken für die heilige Dreifaltigkeit stehen und
die vier roten für die Herrschaftsgebiete, in die Franken während des Mittelalters aufgeteilt war, oder ob sie
schlicht und ganz profan Himmel und Erde meinen:
Es gibt unzählige Interpretationsmöglichkeiten dafür,
warum sich auf dem fränkischen Wappen die vier roten
Zacken mit den drei weißen verhaken. So richtig weiß
es aber scheinbar niemand.

Ich persönlich glaube, dass die vier blutroten Zacken,
die sich in den weißen Untergrund bohren, ein Sym-
bol für die unterschwellige Aggression sind, die jedem
Franken insgeheim innewohnt, die er aber nicht auszudrücken vermag: Schließlich lässt sich Aggression nur
schwer vermitteln, wenn einem die Möglichkeit fehlt,
»t« und »p« zu sprechen, und jeder verbale Wutausbruch
zu einem weichen Klangteppich aus »d« und »b« ver-
schwimmt.

Auch die **geschichtliche und geografische Bedeutung** Frankens wich insbesondere im letzten halben Jahrhundert von der Bayerns ab: Franken grenzt an Thüringen und Sachsen und war zu DDR-Zeiten Teil des sogenannten Zonenrandgebietes. Die Wende 1989 erlebte man in Franken tatsächlich hautnah mit, als Tausende Trabis, Ladas und Wartburgs in Bayreuth, Coburg und Bamberg einfielen und von den Einheimischen ungewohnt herzlich mit Bananen und Süßigkeiten begrüßt wurden. Franken war eine der ersten Regionen, die die Wende nicht nur im Fernsehen zu sehen, sondern dank der DDR-Autoindustrie auch zu riechen bekamen. In anderen Teilen Bayerns hält man die Wiedervereinigung hingegen bis heute für ein Gerücht.

Essen und Trinken. In Bayern isst man Schweinebraten, in Franken *Schäufele*, also Schweineschulter. Den Tag jedoch mit einem deftigen Weißwurstfrühstück zu beginnen, ist auch in Franken durchaus legitim. Und auch hier gilt das eherne Gesetz, dass die Weißwurst das Mittagsläuten nicht hören darf. Trotzdem bleibt sie ein bayerisches Gericht und prägt nicht umsonst die deutschlandweit gebräuchliche Rede vom Weißwurstäquator. Zwar ist man sich nicht sicher, ob der ungefähr dem Lauf der Donau folgt oder eher einem Radius von 100 Kilometern um München entspricht, fest steht jedoch: In der Regel hält sich der Franke an die gebratene Form der Wurst. Und auch auf dem Feld der gehobenen Küche und insbesondere der Starköche lassen sich Unterschiede feststellen: Bayern (oder besser: München) hat Alfons Schuhbeck, Franken hat mit Alexander Herrmann in meinen Augen auf jeden Fall den attraktiveren Fernsehkoch. Der Rest ist dann doch wieder Geschmackssache.

Bayern trinken Paulaner Hefeweizen und Augustiner. Franken tun so etwas nicht. In Franken hat jedes Dorf hat seine eigene Brauerei, so scheint es. Dass diese kleinen Brauereien überleben können, verdanken sie nicht zuletzt der Tatsache, dass der Franke zu seinem Bier steht und es ihm im Traum nicht einfallen würde, bayerisches Bier zu trinken. Das ist in erster Linie Geschmacks-, aber auch Ehrensache. Und während man sich in München und Umgebung eine Maß bestellt, ein Liter Bier in einem Glaskrug, ordert der Franke sein *Seidla*, einen halben Liter in einem Steinkrug. Eine Maß bekommt man in Franken hingegen eher selten.

Jedem seine Bratwurst

So wie man angesichts von fünf Weltreligionen schwerlich von »dem einen« Gott sprechen kann, gibt es auch im Fränkischen nicht »die eine« fränkische Bratwurst. Stattdessen konkurrieren mehrere fränkische Städte um den Anspruch, die beste Bratwurst auf dem Grill zu haben. Dabei variieren die Bratwürste in Zubereitung und Länge.

So misst die **Ansbacher Bratwurst** bis zu stolze 18 Zentimeter Länge und drei Zentimeter im Durchmesser. Niemals isst der Ansbacher seine Bratwurst mit Senf.

Der gehört aber in jedem Fall auf eine **Bayreuther Bratwurst**. Diese toppt die Ansbacher Bratwurst mit einer Länge von 20 Zentimetern, wohingegen der Durchmesser der Bayreuther Bratwurst etwas geringer ist, sie ist also schlanker als die Ansbacher Bratwurst. Und weil sie so schlank ist, passt sie auch zu zweit ins Brötchen: Die Bayreuther Bratwurst kommt nie allein, sondern immer als *Bärla* (Pärchen) und, wie gesagt, immer mit Senf.

Die kleinste unter den Bratwürsten ist die **Nürnberger Bratwurst**, die lediglich sieben bis neun Zentimeter messen darf. Die Nürnberger haben sich ihre Bratwurst und die Bezeichnung »Nürnberger Bratwurst« übrigens auch als Markennamen schützen lassen. Bekommt man eine Nürnberger Bratwurst mit mehr als neun Zentimetern Länge serviert, ist man mit aller Wahrscheinlichkeit nach einem Bratwurstbetrüger aufgesessen.

Relativ brutal verfährt man in Unterfranken: Während die Bratwurst allerorten ganz ungeniert vorne und hinten aus dem Brötchen baumeln darf, knickt der Würzburger sie in zwei Teile, bevor er sie ins Brötchen legt, weshalb die **Würzburger Bratwurst** auch als »Geknickte« bezeichnet wird.

Eine bemerkenswerte Besonderheit in der Zubereitung widerfährt der **Coburger Bratwurst**: Die Wurst wird über einem Feuer aus Kiefernzapfen gebraten und bekommt dadurch ihre ganz eigene würzige Note.

Ich persönlich halte es mit den fränkischen Bratwürsten frei nach Friedrich dem Großen: Soll jeder nach seiner Bratwurst selig werden!

Die Kommunikation. Bayern lieben die Geselligkeit. In Franken, tja ... in Franken funktionieren Geselligkeit und Kommunikation weitaus subtiler. Manche Nichtfranken behaupten nach Erstkontakten mit der einheimischen Bevölkerung: gar nicht. Aber »subtiler« trifft es meines Erachtens besser – was im Laufe dieses Buches noch zu beweisen sein wird. Auf komplexe Fragen bekommt man in Franken gern einmal die im ersten Moment unterkomplex erscheinenden Antworten *Jaa* oder *Naa*. Dass sich hinter diesen zwei vermeintlich unkomplizierten Aussagen dann aber doch nicht selten eine unerwartete Bandbreite an Deutungsmöglichkeiten verbirgt, das lernt der Franke im Laufe seines Lebens. Dass derjenige, der die typisch fränkische Redewendung *»Ich wer der glei helfn«* zu hören bekommt, sich nicht auf eine baldige Hilfeleistung in egal welcher Hinsicht freuen darf, sondern sein Verhalten, das zu diesem Ausspruch geführt hat, dringend noch einmal überdenken sollte, das lernt man als Franke oder Zugezogener hingegen in kürzester Zeit.

Die Sprache. Bayern sprechen Bairisch. Die Sprache der Franken, wenn sie dann mal sprechen, ist Fränkisch. Im Gegensatz zum bajuwarischen Singsang ist das Fränkische eher trocken und legt einen gewichtigen Schwerpunkt auf den Vokal »a«. Beispielhaft für die konsequente Beugung aller Vokale zum lang gezogenen »a« sei an dieser Stelle die fränkische Version des Wörtchens »Marmeladenglas« respektive »Marmeladeneimerchen« genannt. In der fränkischen Aussprache wird es zum schlichteren, aber nicht uncharmanten *Mamaladnamala*.

Ein befreundeter Logopäde, der ursprünglich vom Bodensee stammt und in einem fränkischen Krankenhaus mit Schlaganfallpatienten arbeitet, bemerkte am Anfang seiner Arbeitszeit in Franken, dass er Patienten hier in der Regel länger als gewöhnlich behandeln musste, und er wunderte sich, wie langsam seine fränkischen Patienten ihre Sprache wiedererlangten. Irgendwann stellte er dann fest: Die von ihm behandelten sprachlichen Defizite, die sich scheinbar gar nicht bessern wollten, waren nicht dem Schlaganfall geschuldet. Was er seit Wochen vergeblich zu kurieren versuchte, war schlicht und ergreifend: der fränkische Dialekt.

Die Mode. Bayerinnen tragen Dirndl. In der fränkischen Tracht gibt es keine Dirndl, wobei der deutschlandweite Dirndl-Hype der letzten Jahre mittlerweile auch Franken erreicht hat. Aber erst, seit es pinke Pop-Dirndl gibt, die sich als Tracht eigentlich keiner Region mehr zuordnen lassen. So sieht man mittlerweile auch auf der Bamberger Sandkerwa oder dem Erlanger Bergfest fesche *Kerwasmadla* und *Kerwasbuam* in pink-grünen Dirndln und Lederhosen. So sieht dann wohl Globalisierung auf Fränkisch aus.

Die Fernsehunterhaltung. Rest-Bayern hat mit den Münchnern Ivo Batic und Franz Leitmayr zwei Tatort-Kommissare. Franken hatte 2003 mit Hauptkommissar Wolfgang Hackl gerade mal einen fränkischen Austauschkollegen, der in einigen wenigen Folgen als phlegmatischer Unsympath auftauchen durfte. Obwohl mittlerweile fast jedes Bundesland seinen eigenen Tatort hat, ist vorerst kein Franken-Tatort in Sicht. Schade eigentlich. Ich finde, Nürnberg oder Würzburg wären perfekte Kulissen für den einen oder anderen Mord. Und Titel gäb's natürlich auch genug: »Tod am Main«, »Das letzte Seidla« oder auch »Frankenschnellweg zur Hölle«.

Trotz der Unterschiede funktioniert das bajuwarisch-fränkische Zusammenleben im Normalfall recht friedlich, auch wenn sich ziemlich schnell erkennen lässt, dass Franken und damit auch »die Franken« ein bisschen anders funktionieren als der blau-weiße Rest des Freistaates. Doch obwohl sich die meisten Franken mit der Zugehörigkeit zu Bayern arrangiert haben, gibt es im Norden Bayerns immer wieder Separatisten im Geiste, die sich nichts sehnlicher wünschen als ein eigenes unabhängiges Bundesland. Zumindest nach dem dritten

oder vierten, manchmal aber auch erst nach dem zehnten Bier. Fast immer hat es aber mit Alkohol oder Sport-
konsum zu tun, wenn jemand plötzlich anhebt zu behaupten, Franken müsse wieder Autonomie von Bayern
erlangen. Dann lautet der Schlachtruf: »*Feischaddwaiernundeslandanken!*« Oder, ganz selten: »Frei statt Bayern – Bundesland Franken!«

Alter Spalter!
Die Entstehung des Frankenreiches

Es ist wohl relativ unwahrscheinlich, aber käme ich wider
aller Erwartung doch eines Tages in die Verlegenheit, die
Geschichte Frankens von seinen Anfängen bis zur Gegenwart mit den Mitteln des Ausdruckstanzes interpretieren
zu müssen, würde ich mich wild zuckend zu Boden werfen,
mir die Haare raufen, Grunzlaute von mir geben, unkontrolliert mit den Armen fuchteln, mir mit der flachen Hand
gegen die Stirn schlagen, mit den Schultern zucken und
währenddessen hoffen, dass mein Publikum den Wert dieser künstlerischen Darbietung erkennt und mich nicht mit
Gewalt in die stabile Seitenlage bringt. Die Geschichte
Frankens ist nämlich ganz schön kompliziert.

Stellen Sie sich jetzt einen Wecker für den Fall, dass Sie
während meines kleinen Referats die Müdigkeit überman-
nen sollte. Also gut, ich leg dann mal los:

Die Geschichte Frankens beginnt im vierten Jahrhundert mit dem Zusammenschluss verschiedener westgermanischer Stämme an der Grenze des Römischen Reiches. Die Nachbarschaft der Westgermanen mit den Römern war alles andere als konfliktfrei. Schließlich waren es die Römer, die dem westgermanischen Stammesgemisch seinen Namen gaben: *Franci*, was so viel bedeutet wie »die Kühnen« oder »die Freien«. Im fünften Jahrhundert unterwarf König Chlodwig I. die bis dato herrschenden kleinen merowingischen Königreiche und schuf das Fränkische Reich mit festen Grenzen von Frankreich über Belgien bis in die Niederlande. Als Hauptstadt wählte er Paris (das ist mir übrigens einfach unbegreiflich – das ist doch so, als würde man erklären, New York sei im Mittelalter die Hauptstadt von Österreich gewesen). Im neunten Jahrhundert spaltete der Vertrag von Verdun das Reichsgebiet in zwei Teile: das Ostfränkische Reich, dem wir heute die weitesten Teile Deutschlands zuschreiben, und das Westfränkische Reich, das heutige Frankreich.

Doch nicht genug der Spalterei (»Alter Spalter!« ist übrigens eine Wendung, die aus der Gegend um die fränkische Stadt Spalt kommt und nicht nur »spalten« in sich trägt, sondern auch »heftig« oder »krass« meint): Mit der Reformation zerfiel das, was wir heute Franken nennen, in katholische und evangelische Territorien. Übrigens wurde Altersvorsorge auch früher schon großgeschrieben: Gegen eine zugesicherte Rente trat der Markgraf von Ansbach

und Bayreuth 1792 beide Städte an das Preußische König-
reich ab. Statt eigenständig zu werden, war Franken der
Zankapfel im preußisch-bayerischen Ränkespiel. Zu Beginn
des 19. Jahrhunderts schließlich besetzten die Bayern die
fränkischen Gebiete, nicht zuletzt um ihre Macht gegenüber den Preußen zu demonstrieren. Und dies war der Beginn der bayerisch-fränkischen Liebesgeschichte …

Damit ich dieses Referat, lieber Leser, noch zu Ihren Lebzeiten fertig bekomme, kürze ich ein wenig ab: Das Gebiet,
das man heute als Franken bezeichnet und das sich aus
den Regierungsbezirken Unter-, Ober- und Mittelfranken
zusammensetzt (jetzt geht das schon wieder los mit dem
Gespalte – die Gegenwart ist also auch nicht besser) und
das größtenteils zu Bayern gehört (der Logik der Geschichte
zufolge könnten demnächst aber die Preußen wieder ein-
marschieren), ist also nur ein kleiner östlicher Teil des ehemaligen Herzogtums Frankens in Ostfranken.

Na, haben Sie alles verstanden? Vielleicht probier ich's
doch mal mit Tanzen.

Franken on the road

Vorurteile über Franken und den Franken an sich gibt es ja mehr als genug, wobei ich sie an dieser Stelle nicht so vehement bestreiten werde, wie es sich der eine oder andere Franke vielleicht wünschen würde. Packt man einige zentrale Vorurteile in einen Satz, könnte dieser lauten: Der Franke ist maulfaul, träge und leicht zurückgeblieben, isst gern herzhaft und ist wenig offen für Neues und Unbekanntes, und das nicht nur in kulinarischer Hinsicht. Die Scheu vor allem Unbekannten bedingt vermutlich auch, dass der Franke seine Heimat nur ungern und von daher eher selten verlässt – gerade im Vergleich mit den Schwaben beispielsweise, die sich ja munter in der ganzen Welt verteilt haben, sodass ein gewisser Berliner Stadtteil aufgrund ihrer Omnipräsenz bei vielen alteingesessenen Berlinern inzwischen nicht ganz ungehässig »Prenzlingen« heißt.

Dennoch gibt es Franken, die die Landesgrenzen überquert haben, um teilweise deutliche Spuren in der Weltgeschichte zu hinterlassen. So war es zum Beispiel ein Franke, der der Modewelt dank einer kongenialen Idee vor mittlerweile bald 150 Jahren seinen Stempel aufdrückte und dafür verantwortlich ist, dass wir auf den Straßen, in U-Bahnen, Büros und Clubs von Tokio bis New York, von Lissabon über Kleinmachnow bis Berlin unterhalb der Gürtellinie nur noch blau sehen: Levi Strauss, eigentlich Löb Strauß (1829–1902), der Erfinder der Jeans, wanderte 1847 als junger Bub mit seiner Mutter vom fränkischen Buttenheim nach Amerika aus und kam als junger Mann ins goldberauschte San Francisco. Dort kam ihm die erst einmal recht simple Idee, Hosen aus Segeltuch zu nähen, die extrem belastbar sein sollten, damit sie bei der Arbeit der Goldgräber, die ja zumeist knieten, nicht ständig kaputtgingen. Um die Nähte und die Taschen, die anfangs leicht einrissen, noch zusätzlich zu verstärken, verwendete er Nieten aus Pferdezaumzeug, eine Idee, die ein Schneider an ihn herangetragen hatte. Fertig war die Levi's-Jeans und damit der Beginn einer unvergleichlichen Erfolgs- und Modegeschichte.

Es war also tatsächlich ein Franke, der das Erscheinungsbild vieler Generationen wie kein anderer prägte und auch das Blau an meinen Beinen zu verantworten hat. Vielleicht ist jetzt die passende Zeit für einen Moment der Andacht. Das Geburtshaus von Levi Strauss in Buttenheim bei Bamberg beherbergt übrigens schon seit einigen Jahren ein sehr schönes kleines Museum. Und das ist ein Ausflugstipp, der glatt noch ein paar Ausrufezeichen wert ist: !!!!!

Aber auch eine fränkische Bankiersfamilie verschlug es im 19. Jahrhundert aus Rimpar bei Würzburg nach Amerika, genauer: nach Montgomery in Alabama. Dort gründete der Clan 1850 eine Bank, die dem Weltfinanzsystem in den letzten Jahren einiges an Schweiß und Tränen bescherte: Lehman Brothers.

Alois Alzheimer (1864–1915), Entdecker der nach ihm benannten Demenzerkrankung, war gebürtiger Unterfranke. Und auch der Erfinder der Rücktrittbremse, Ernst Sachs (1867–1932), ist in Franken geboren. Inwieweit die Entdeckung von Alzheimer und die Erfindung der Rücktrittbremse auf die frühkindliche Sozialisation in Franken zurückzuführen sind, sei dahingestellt. Immerhin ist sicher, dass es sich bei Alzheimer, auch wenn man es manchmal meinen könnte, um keine typisch fränkische Erkrankung handelt und dass man über die Rücktrittbremse am Fahrrad ebenfalls nicht nur in Franken dankbar ist.

Nach dem Rücktritt seines Vorgängers Konrad Adenauer, war es ein Franke, genauer gesagt ein gebürtiger Fürther, der das deutsche Wirtschaftswunder in den 1950er-Jahren Zigarre rauchend vorantrieb: Ludwig Erhard (1897–1977). Aber nicht nur die deutsche, auch die Weltpolitik wurde durch einen Franken bereichert: Der ehemalige US-Außenminister Henry Kissinger wurde als Heinz Alfred Kissinger 1923 ebenfalls in Fürth geboren und verbrachte dort seine ersten Lebensjahre, bis seine jüdische Familie 1938 nach Amerika emigrierte. Und dann ist da natürlich noch jener fast schon filmreif aufgestiegene und gefallene Spross einer fränkischen Adelsfamilie, Karl Theodor Maria Nikolaus Johann Jacob Philipp Franz Joseph Sylvester Freiherr von und zu Guttenberg. (An dieser Stelle möchte ich betonen, dass ich dieses Buch nach reinstem Wissen und Gewissen selbst erdacht und verfasst habe, so wahr mir Wikipedia helfe.)

Wenn es ein Franke in sportlicher Hinsicht zum Superstar gebracht hat, dann Dirk Nowitzki. Der gebürtige Würzburger wechselte als erster deutscher Basketballprofi direkt aus der fränkischen Heimat in die NBA zu den Dallas Mavericks. 2006 wurde er als »*the german Wunderkind*« von der NBA sogar zum wertvollsten Spieler des Jahres gewählt. Auf dem Gebiet des Sports darf an dieser Stelle natürlich einer nicht fehlen: Lothar Matthäus. Unser Loddar, dem die Welt neben seinen herausragenden fußballerischen Leistungen auch ein paar unvergessliche Stilblüten zu verdanken hat, allen voran die Durchhalteparole: »Wir dürfen jetzt nur nicht den Sand in den Kopf stecken!«

Wie immer kommt das Wichtigste zum Schluss, Frankens liebster Exportschlager der letzten 40 Jahre: Thomas Gottschalk. Kaum zu glauben, dass es ein gebürtiger Franke war, neben dem sich seit 1987 Madonna, Sting und Muhammad Ali wie selbstverständlich in die Sofakissen mummelten und fröhlich drauflosplauderten. Als wären sie selbst nur zu Gast bei einem gemütlichen Fernsehabend mit Freunden und nicht in Deutschlands größter Unterhaltungssendung. Kaum eine Sendung von »Wetten, dass..?«, bei der nicht von Hunderten fränkischen Sofas ein geseufztes »*Und der is fei aus Kulmboch*« gen Eichenholz imitierende Wohnzimmerdecke stieg. Tatsächlich ist Thomas Gottschalk in Bamberg geboren, in einem Krankenhaus, dass heute kein Krankenhaus mehr ist, sondern unter anderem den Lehrstuhl für Psychologie und Philosophie der Bamberger Universität beherbergt. Kaum ein Student, der beim Durchqueren der langen Flure und Seminarräume nicht schon einmal überlegt hat, in welchem Zimmer der kleine Thomas wohl das Licht der Welt erblickt haben könnte.

Ach Thomas, wir sind so stolz auf dich. Und reden kann er, als ob er niemals fränkischen Boden betreten hätte. Es geht also doch. Vielleicht liegt es aber auch daran, dass seine Eltern keine gebürtigen Franken waren, sondern aus Oberschlesien kamen. Und auch wenn du heute im fernen Kalifornien lebst und deine TV-Karriere gerade etwas bemüht wirkt – du wirst immer einer von uns sein, Thommy.

Insgesamt finden sich also mindestens drei Bereiche, die ohne einen gewissen Anteil fränkischer Wurzeln heute vielleicht ganz anders aussehen würden, auch wenn bezeichnenderweise keine der genannten Berühmtheiten besonders lange in Franken blieb. Doch was wäre die Welt ohne Blue Jeans? Mit Sicherheit erheblich weniger blau. Und weniger reißfest. Und ohne die Investmentbank Lehman Brothers? Nun ja, die letzten Jahre wären vielleicht etwas weniger spannend gewesen und N24 hätte ein paar Banker weniger zeigen können, die mit Kartons unter dem Arm und trübe dreinblickenden Gesichtern gläserne Bürogebäude verlassen. Vor allem jedoch: Was um Himmels Willen wäre das deutsche Fernsehen ohne Thomas Gottschalk?

Berühmtheiten, wohin man blickt!

Noch mehr bekannte Franken und ihre Geburtsorte:

- *Aschaffenburg:* **Felix Magath** (*1953), Fußballtrainer und ehemaliger Fußballspieler
- *Crailsheim:* **Hans Scholl** (1918–1943), Widerstandskämpfer im Nationalsozialismus
- *Herzogenaurach:* **Adolf Dassler** (1900–1978), Unternehmer und Begründer des Sportartikelherstellers adidas, vor und während des Nationalsozialismus bekennender Nazi, danach nicht mehr; **Rudolf Dassler** (1898–1974), Unternehmer und Begründer der Sportartikelherstellers Puma, Bruder von Adolf Dassler, auch eine Zeitlang Nazi gewesen

- *Mainberg:* **Gunter Sachs** (1932–2011), Industriellen-sohn und Playboy
- *Nürnberg:* **Albrecht Dürer** (1471–1528), Maler; **Johannes Pachelbel** (1653–1706), Komponist
- *Staffelstein:* **Adam Ries** (1492–1559), Mathematiker, fälschlicherweise oft Adam Riese genannt
- *Wunsiedel:* **Jean Paul** (1763–1825), Schriftsteller

Dischdennis

Pause!« Mein ehemaliger Mitbewohner Martin und ich legen die Schläger nieder, ich hole das erste Pausenbier aus dem Rucksack. Seit wir unsere gemeinsame Studenten-WG verlassen haben, treffen wir uns einmal im Jahr zu einem kleinen Tischtennismatch. Wir sind beide keine Tischtenniscracks, aber es ist ein schönes Ritual bei dem immer reichlich Schweiß und Bier fließen.

»Und sonst?«, frage ich.

Martin leert sein Bier in zwei langen Zügen und erzählt mir dann freudestrahlend, dass er in Kürze Vater wird. Es wird wohl ein Mädchen.

»Aber beim Namen gibt's ein Problem«, sagt er. »Uns beiden gefällt Paula. Und nichts als Franken in der Familie.«

Ich nicke. »Das ist durchaus ein Problem.«

Eine der prägnantesten Eigenheiten des fränkischen Dialekts ist mit Sicherheit das Nichtvorhandensein des *haddn* »d«, wie der Franke es selbst auszudrücken pflegt. Zwar weiß er durchaus um die Existenz des *haddn* »d« im restlichen deutschen Sprachraum, in der Praxis findet das *hadde* »d« jedoch keinerlei Anwendung und fristet sein Dasein lediglich in der Theorie – oder *Deorie*, wie man in Franken sagen würde. Das Gleiche gilt für den Konsonanten »p«. Auch hier weicht das *hadde* »b« dem *waichn* »b«.

Auf diese Weise entstehen Wörter wie *Debbich*, *Drabez*, *Loddo Doddo*, *Draum*, aber auch vor Vornamen macht die Nivellierung der harten und weichen Konsonanten nicht halt: *Danja*, *Dadjana*, *Dorsden*, *Domas*, *Dina*, *Beder*, *Baula*... Menschen aus anderen, vor allem nördlicheren Sprachräumen bewerten dies oft als ästhetischen Makel und moderne oder mit akademischem Hintergrund ausgestattete fränkische Eltern entscheiden sich bei der Namenswahl nicht selten für den bewussten Verzicht auf Namen mit *haddm* »d« oder *haddm* »b«, um den Kindern die früher oder später unumgängliche Mutation ihres Namens zu einem Brei aus weichen Konsonanten zu ersparen.

Ob das nun schön ist oder nicht, daran scheiden sich die Geister. Es verhält sich ungefähr so wie mit übergroßen Nasen oder falschen Brüsten: Der eine steht drauf, der andere eben nicht, der eine findet es charmant, der andere nervig, der eine charaktervoll (das trifft wohl eher auf die Nase zu, bei falschen Brüsten ist Charakterstärke ein seltener verwendetes Argument), der andere einfach nur geil (dies wiederum ist öfter bei Brüsten als bei Nasen der Fall) oder zurückgeblieben oder degeneriert (seltener bei Nasen als bei Brüsten – ich merke schon, der Vergleich hinkt, bleibt jetzt aber so stehen. Wer möchte, kann – soweit Zeit und Muße vorhanden sind – sich selbst auf die Suche nach einem geeigneteren Vergleich machen. Hierfür lasse ich gerne ein paar Zeilen Platz: _____

_____

_____

_____)

Martin selbst hat dazu eine interessante *Deorie*: dass diese Ökonomisierung der Konsonanten eigentlich etwas ganz Modernes ist. Der Trend geht eindeutig dahin, Informationen in immer weniger Zeichen zu zwängen – hatte eine SMS noch 160 Zeichen, sind Twitter-Nachrichten (sogenannte Tweets) nur noch 140 Zeichen lang. Abseits dieser allgemeinen globalen Entwicklung findet hier in Franken schon seit Jahrhunderten heimlich, still und leise eine viel weitergehende Entwicklung statt: eben die Ökonomisierung der Konsonanten. Warum sich mit der Unterscheidung zweier Konsonanten quälen, wenn das Wort auf der Sinnebene ja eh das gleiche bleibt? Ein *Deller* bleibt ein Teller, genau wie die *Dabede* in Wirklichkeit immer noch eine Tapete ist.

Wobei man sich bei einer *Dabede* doch eher schlecht vorstellen kann, dass sie aus einem Onlineversand für skandinavische Retrotapeten stammt, wie man sie seit einigen Jahren neben überteuerten Vintage-Möbeln aus überteuerten Vintage-Möbelhäusern und mintgrünen Stelton-Thermoskannen in immer mehr Hipster-Wohnzimmern findet. Näher liegt schon, sich unter einer *Dabede* eine handelsübliche Raufasertapete aus einem regionalen Möbelhaus (früher in Familienbesitz, heute von einer großen Kette aufgekauft – ein beliebtes Schicksal aller Möbelhäuser in Franken, die nicht gerade zufällig aus Schweden stammen) oder aus dem Baumarkt vorzustellen, eventuell mit Blumenbordüre oder Marmoroptikbordüre (meist lachsfarben). Oder eine *Dabede*, die bescheiden zurücktritt hinter einer Schicht Orange in der noch immer und vermutlich für alle Zeiten beliebten Wischtechnik (um Vorurteile gar nicht erst entstehen zu lassen, muss an dieser Stelle gesagt werden: Wischtechnik auf Raufasertapete ist KEIN originär fränkisches Phänomen).

Und so, wie man sich unter einer *Dabede* nur schwer etwas vorstellen kann, was einen mitteleuropäischen Trend begründet, liegt es auch nahe anzunehmen, *Dischdennis* sei eine Sportart, die mit Tischtennis in Grundzügen zwar viel gemeinsam hat, aber grundsätzlich langsamer und gemütlicher gespielt wird als zum Beispiel bei japanischen Seniorenmeisterschaften (das japanische Wort für Tischtennis lautet übrigens *takkyū*, was wesentlich schweißtreibender klingt als *Dischdennis*).

Auch kann es schwierig sein, einem *drodzdem* die Vehemenz eines »trotzdem« abzugewinnen. Schnell, mar-

kant und mit *haddm* »d« ausgesprochen lässt das ober-
befehlsartige »trotzdem« das Gegenüber aufhorchen und
macht eine plötzliche Wendung der bisher vielleicht
in gemütlicher Übereinstimmung dahinplätschernden
Diskussion – zum Beispiel über Wischtechnik auf Rau-
fasertapeten oder über den kausalen Zusammenhang von
chirurgisch vergrößerten Brüsten und Charakterstärke –
zumindest nicht von vornherein unmöglich.

Doch zurück zur scheinbar unvermeidlichen Trans-
formation von »Paula« zu *Baula*.

»Vielleicht stärkt es den Charakter eurer Tochter?«,
schlage ich vor.

Wenn sie keine *Baula* sein möchte, dann muss sie
darum kämpfen – und zwar nicht zu knapp. Um noch
mehr Kampfgeist bei Martins ungeborener *Dochder* zu
wecken, schlage ich als konsequente Alternative einen
Namen vor, in dem sich alle zentralen Aspekte des fränkischen Dialekts vereinigen, nämlich sowohl das fehlende
hadde »b«, das fehlende *hadde* »d« und das hier bislang
vollkommen zu Unrecht übergangene Zungenspitzen-R.
Einen Namen, mit dem man im Gegensatz zu »Emma«,
»Lilli« oder »Marie« auf dem Spielplatz auch keine
47 Kinder um sich schart, sobald man seine Tochter ruft.
Einen Namen mit vielen praktischen Vorteilen also, auch
wenn er in den letzten Jahren *a weng* aus der Mode gekommen zu sein scheint: Petra. Oder eben *Bedra*.

»Petra« kommt übrigens aus dem Griechischen und
bedeutet so viel wie »Felsen« oder »Stein« – auch das ein

Hinweis auf die zukünftige Willensstärke seiner Träge-rin. Im Gegensatz zu »Paula«, was eigentlich nur vom männlichen »Paul« abgeleitet ist und aus dem Römi-schen stammt, wo »Paulus« so viel bedeutet wie »klein«. Eine *Bedra* hingegen wäre nichts derart Halbgares, eine *Bedra* wäre stark. Eine *Bedra* hätte mit 16 Jahren so viel Willensstärke und Selbstbewusstsein entwickelt, nicht von ihren Eltern zu verlangen, ihr die Brust-OP zu be-zahlen. Eine *Bedra* würde sich das Geld für ihre Brust-vergrößerung selbst verdienen.

Maddin scheint nicht ganz überzeugt von meiner Ar-gumentation, und ich merke, dass er noch nicht wirklich bereit ist, sich mit den zukünftigen Brustvergrößerungs-plänen seiner zukünftigen Tochter auseinanderzusetzen. Stattdessen spielen wir weiter *Dischdennis*, schweigend, was ja neben dem konsequenten Gebrauch von *haddm* und *waichm* »d« und »b« und dem Zungenspitzen-R eine weitere nicht zu vernachlässigende Säule fränkischer Kommunikationspraktiken darstellt.

Das Anstrengende, und zwar sowohl am Tischtennis als auch am *Dischdennis*, ist weniger das Spielen, als viel-mehr hinter den verschlagenen Bällen herzurennen – in meinem Fall alle 20 Sekunden. Nach fünf Minuten be-antrage ich erneut eine *Bause* und beschließe, niemals in meinem Leben an einer japanischen *takkyū*-Senioren-meisterschaft teilzunehmen. Doch wer weiß, vielleicht wird *Bedra* einst hart genug dafür sein.

Fränkischer Dialekt

In Franken von dem einen Dialekt, dem Fränkischen, zu sprechen, führt zweifelsfrei zu Missverständnissen. Die Sprachwissenschaft definiert mehrere Sprachzonen als dem Fränkischen zugehörig.

Der in Franken selbst gesprochene Dialekt ist Ostfränkisch. Andere Varianten wie das Niederfränkische erstrecken sich bis in die Niederlande, als Südfränkisch gelten die Dialekte in den Gebieten um die Metropolen Pforzheim, Karlsruhe und Heilbronn. Aber auch das in Franken gesprochene Ostfränkisch lässt sich nur schwer als ein einziger Dialekt betrachten. Stattdessen stößt man im Ostfränkischen auf viele Spielarten, die sich grob in Ober-, Unter- und mit Einschränkungen Mittelfränkisch gliedern lassen – wobei letztere Bezeichnung üblicherweise dem rheinländischen Sprachraum um Köln herum zugewiesen wird.

Mit fränkischen Dialekten verhält es sich also wie mit fränkischem Bier: Es gibt unzählige von ihnen. Für Nichtfranken kann das schnell verwirrend werden. Es gibt eine Volksweisheit die besagt, Fränkisch sei ebenso schwer zu lernen wie Finnisch. Denn letztlich hat jede Stadt und jedes Dorf, ja, fast könnte man meinen: jede Bushaltestelle ihren eigenen Dialekt.

Wichtig für die sprachlichen Eigenheiten ist die geografische Lage des jeweiligen Dialektgebiets. In einigen

Teilen Frankens hört man Anklänge aus dem Hessischen, dann gibt es Anleihen aus dem Vogtland oder der Oberpfalz. So vernimmt man etwa bei den Aschaffenburgern eine Klangfärbung aus dem angrenzenden Hessen: Der Aschaffenburger bezeichnet seine eigene Stadt gerne als *Aschebersch* und sich selbst als *Aschebeschä*. In der Gegend zwischen Schweinfurt und Würzburg findet sich eine meiner Lieblingspluralendungen: »Die Mädchen« werden hier zu *die Mädlich*, eine Reisegesellschaft bestehend aus mehreren Bussen zu *die Buslich*. In Rehau, Selb und Hof hört man die Nachbarschaft zu Thüringen an der noch weicheren Aussprache der harten Konsonanten. In Hof etwa ist man besonders stolz auf den *Wärschtlamo* (*Wärschtla* für »Würste«, *Mo* heißt »Mann«): den Wurstverkäufer, der seine Würste aus einem großen Messingkessel verkauft. Statt »ja« sagt man in Hof *ho* oder *hao*.

In Nürnberg finden sich viele Einflüsse, vor allem aber klingt die Oberpfalz durch. So geht der Nürnberger nicht in den Garten zum Gießen, er *gäid nain Gaddn zum Gäisn*. Steht der Nürnberger einer Ungeheuerlichkeit gegenüber, hat er zum Beispiel die S-Bahn nach Fürth verpasst, ist der *Glubb* mal wieder abgestiegen oder drängen sich wieder einmal viel zu viele Menschen über den Nürnberger Christkindlesmarkt, entfleucht ihm ein halb gehauchtes: *Allmächd!*, was so viel bedeutet wie »allmächtiger Gott«. Im Nürnberger Stadtgebiet siedelt sich aber seit einigen Jahren auch der deutschlandweit im Trend liegende Soziolekt an, der sich vor allem durch die recht häufige Verwendung von *isch*, *disch* und *deine Mudda* auszeichnet.

Aber es gibt sie auch, die großen Gemeinsamkeiten des Fränkischen, den gemeinsamen Nenner. Mit kleinen Abweichungen. Dem ganzen ostfränkischen Sprachraum zu eigen ist die Endung auf »-la« oder »-le«. Während man etwa in Bayreuth bei einem Mädchen von einem *Madla* spricht, heißt es weiter nordwestlich, in der Gegend um Würzburg, etwas lieblicher klingend *Madle* oder *Mädle*.

Typisch Fränkisch und in jedem Fall regionsübergreifend ist das gerollte »r« und die sogenannte binnendeutsche Konsonantenschwächung – die Beugung der harten Konsonanten »t«, »p« und »k« zu den weichen Konsonanten »d«, »b« und »g«. Auch trifft man in ganz Franken auf die Modalbegriffe *fei* und *a weng* – aber dazu kommen wir noch. Und auch bei Vornamen findet sich eine Eigenart, die ganz Süddeutschland betrifft und sich dementsprechend durch das gesamte Fränkische zieht: Vornamen werden nie ohne Artikel genannt. Eine Sabine beispielsweise kommt in Franken nie allein. Sabine ist immer *die Sabine*.

Die Ossis kommen!
Eine Kindheitserinnerung

Es gibt ein V8-Video, auf dem mein zehnjähriger Bruder mit einem breiten Grinsen im Gesicht ein schallplattengroßes Stück Drahtzaun in die Kamera hält und sagt: »*Des hob ich grod vo dem Bolizaibeamden do grichd!*«

Mein Vater fragt aus dem Off: »*Welcha Beamde?*«, und mein Bruder zeigt auf einen Grenzbeamten der ehemaligen DDR, der schräg hinter ihm auf einer mit Menschen gefüllten Straße steht und weitere frische Zaunschnipsel an Kinder und andere Umstehende verteilt.

Es ist Herbst 1989, der Wald um uns herum leuchtet gelb und rot in der Herbstsonne, mein Vater hat ein paar Tage zuvor eine neue Kamera gekauft und ist mit meiner Mutter und uns Kindern »zur Grenze« gefahren, um

die letzten Tage der DDR und damit auch des Grenz-
streifens zu dokumentieren. Eigentlich wollten meine
Eltern mit uns nur an dem mittlerweile zur Makulatur
gewordenen Zaun spazieren gehen, um uns noch einmal zu zeigen, was in wenigen Monaten schon Vergangenheit sein sollte: der Grenzstreifen, die Wachtürme,
die gespenstische Ruhe zu beiden Seiten. Die gleiche
Ausflugsidee hatten an diesem Tag Hunderte von Menschen. Auf dem Weg mit unserem Audi 80 zum ehemaligen Grenzübergang wird der Verkehr immer dichter.
Wir parken und beschließen, das restliche Stück bis zur
Grenze zu Fuß zu gehen.

Und da stehen wir nun also: am Grenzübergang. Bis
dato war die Grenze hier noch geschlossen, aber wir
haben Glück: Just an diesem Tag und in dieser Stunde
wird der Übergang geöffnet. Mein Vater filmt mit seiner
neuen Kamera aus einiger Entfernung, wie die Grenzbeamten beider Seiten den Zaun aufschneiden und sich,
aufgrund der ungewohnten Nähe anfangs noch etwas
zaghaft, mit freundlichem Handschlag begrüßen. Und
plötzlich sind wir mittendrin in der Wiedervereinigungs-
party, mitten auf der herbstlichen Landstraße, wo außer
dem Transitverkehr und ein paar Füchsen, die sich in
der Ruhe des Sperrgebiets angesiedelt hatten, die letzten 40 Jahre ja nicht allzu viel los war.

Man sieht Menschen mit bunten Jacken, Frauen mit
der unvermeidlichen Achtzigerjahre-Dauerwelle und
Pappbechern in der Hand, jede Menge Ost- und West-

Sekt fließt, man sieht fremde Menschen miteinander in Gespräche vertieft, fröhlich, neugierig, enthusiastisch. Und als Nächstes sieht man mich: türkise Hose, türkiser Anorak, türkises Haargummi und, passend dazu, türkise Fingernägel – ich war schon in jungen Jahren sehr modebewusst, und die Achtziger gingen auch an mir nicht spurlos vorüber. Nachdem ich vier Stunden darauf gewartet habe, dass der Zaun geöffnet wird, schaue ich dann doch etwas erschöpft und fast gelangweilt, auf jeden Fall nicht ganz so fröhlich und enthusiastisch, wie es der Moment gebieten würde, in die Kamera. Aber gut, ich habe meinem neunjährigen Ich mittlerweile verziehen, dass mir im Laufe dieses historischen Augenblicks irgendwann einfach die Füße wehtaten. Später am Tag kauften wir noch Pralinen im thüringischen Lauenstein, und mein Bruder und ich stellten anerkennend fest, dass man gar nicht schmecken würde, dass es sich hier um DDR- und nicht um West-Pralinen handelte. – Soweit eines meiner ersten Erlebnisse mit dem neuen Deutschland.

Tags darauf erreichten Hunderte, vielleicht sogar Tausende Trabis, Wartburgs und Ladas Bayreuth und hüllten die Innenstadt in einen feinen Dunst aus Kohlenmonoxid. Ich kann mich erinnern, mein Gefühl damals war durchaus zwiegespalten. Die Freude in den Gesichtern der Menschen, sowohl aus Ost als auch West, war einerseits ansteckend, andererseits war ich auch ein bisschen erleichtert, als mein Vater auf meine Frage: »Und bleiben die Ossis jetzt alle hier?«, antwortete: »Nein, die sind erst mal nur zum Gucken da.« Also beobachtete ich in aller Ruhe weiter, wie ein paar Bayreuther Bananen, Mandarinen, Lila Pause und manchmal auch das eine oder andere Fünfmarkstück hinter die Scheibenwischer der Trabis, Wartburgs und Ladas klemmten.

Die ganze Stadt war auf den Beinen, ebenso Hof, Coburg, Bamberg, Nürnberg und alle anderen Orte, die mehr oder weniger direkt hinter der Grenze lagen und so zu den ersten Ausflugszielen in Westdeutschland gehörten. Vielleicht hatte es ja auch einen tieferen Sinn, dass das eher gemütliche und hinsichtlich seiner Euphorie etwas schwerfällige Franken eine der ersten Stationen auf dem Weg in den Westen war. Man stelle sich vor, Köln hätte direkt hinter der Grenze gelegen. Man hätte die neuen Mitbürger wahrscheinlich mit Kamellen und in Karnevalsverkleidung empfangen – wie hätte das denn ausgesehen? Und in München hätte man vielleicht ein Oktoberfest im November organisiert... Nein, ich denke, dass Frankens spröde Herzlichkeit vielleicht gar nicht so verkehrt war als erster West-Eindruck.

Einige Wochen darauf kam Marcel Schneider zu uns in die Klasse. Er war mit seinen Eltern nach der Wende von Thüringen nach Bayreuth gezogen. Auf den ersten Blick war Marcel Schneider nicht gerade der Leader-Typ, wie er da in seiner No-Name-Jeans und mit dem schüchternen Lächeln vor uns stand. In den ersten zwei Wochen nannten wir unseren neuen Klassenkameraden nur »Ossi«. Auch in Sachen Dialekt, Kleidung und Frisur musste Marcel anfangs einstecken. Ständig fanden sich Bananen, gelegentlich ein Schokoriegel oder ein Zettel mit der Aufschrift »Die Ossis kommen!« unter Ossis Schulbank.

Eigentlich fanden wir Mädchen ihn süß, gerade aufgrund seines Dialekts, seiner Kleidung und seiner Frisur, und die Jungs bewunderten ihn heimlich wegen seiner Leistungen beim Kurzstreckenlauf und beim Fußball. Aber das traute sich natürlich keiner zuzugeben. Öffentlich sichtbar und für niemanden mehr zu leugnen wurde unsere Bewunderung, als Marcel im darauffolgenden Schuljahr nach geheimer Wahl zum Klassensprecher ernannt wurde.

Vor einigen Wochen traf ich Marcel zufällig in der Bayreuther Fußgängerzone. Fast hätte ich ihn in seinem Strenesse-Hemd und den edlen braunen Lederschuhen nicht erkannt. Er schob das neueste Bugaboo-Modell vor sich her, neben sich eine unübersehbar attraktive Frau, deren sportliche Figur berechtigte Zweifel an einer natürlichen Mutterschaft aufkommen lassen könnte. Er sei Unternehmensberater in München und habe vor Kurzem zusammen mit seiner Frau, die mich wie zur Bestätigung kopfnickend anlächelte und dabei eine Reihe – wie soll es anders sein – strahlend weißer Zähne zeigte, ein Haus in der Nähe von München gekauft. Wo da? Am Starnberger See. Nichts großes, mehr ein Häuschen. Gerade sei er für ein paar Tage zu Besuch bei den

Eltern in Bayreuth, um den stolzen Großeltern ihren jüngsten Sprössling, Maximilian, zu zeigen.

»Na, dann läuft ja alles rund, oder?«, fragte ich.

»*Nu, komma so sogn*« erwiderte Marcel in seinem noch immer unüberhörbaren Thüringisch und strahlte mich an.

Weil ich so neugierig bin, schaute ich ein paar Tage später auf Marcels Facebook-Seite. Den dort geposteten Fotos nach zu urteilen, ist Marcel auch leidenschaftlicher Taucher, Skifahrer, Mountainbiker und Porsche-Cayenne-Fahrer. Ein Bild, das eine Gruppe braun gebrannter Typen mit Surfbrettern unterm Arm an einem riesigen australischen Strand zeigt, trägt die Unterschrift: »Die Ossis kommen!«

Tief im Nordosten

Ich will noch etwas mehr über das ehemalige Zonenrandgebiet erfahren und habe mich auf einen Ausflug nach Rehau begeben.

Dort treffe ich mich mit meiner langjährigen Freundin **Nora Gomringer** in der Eisdiele neben dem Kunsthaus Rehau auf einen Kaffee und dann noch ein Spagetti-Eis. Sie ist Lyrikerin, Poetry Slammerin und derzeitige Leiterin des Bamberger Künstlerhauses Villa Concordia. Nora ist in dieser Gegend aufgewachsen, genauer gesagt in dem kleinen Örtchen Wurlitz, das zwischen Rehau und Hof liegt. Grund genug, ihr ein paar Fragen zu Kindheit und Jugend im östlichsten Teil Frankens zu stellen.

Was tust du als Erstes, wenn du mal wieder in deiner alten Heimat bist? Und was würdest du gerne einmal wieder tun?
Ich gehe zur Oma Frank und ich sehe mir unser altes Haus an, in das einer meiner Brüder mit seiner Familie eingezogen ist. Da stehen jetzt zwei uralte Schimmel im Garten, und wenn's kalt ist, fallen beide um und man muss ihnen die Beine reiben, damit sie wieder Blut in Herz und Hirn bekommen. Das ist schon schräg. Pferdebeine reiben... Gerne würde ich mal wieder Kaulquappen in der Scheßnitz fangen – das war jeden Tag nach der Schule das Highlight. Und ich würde gerne wieder einmal das »Viereck« abspazieren, die Lieblingsstrecke meines Vaters. Manchmal würde ich überhaupt gerne mehr Zeit in der Vergangenheit verbringen.

Was magst du überhaupt nicht an Franken?
Diese seltsame Mischung aus Komplexen und *Großkopfertheit*, wo doch beides ganz unnötig ist. Franken ist richtig schön. Und wenn die Franken lernen, echten Cappuccino anzubieten, und nicht nur Kaffee mit aufgespritzter Sahne, dann wird's noch schöner.

Hast du Lieblingsorte in Franken?
Oh ja! Wurlitz oder mit einem Milchkaffee im Bamberger Café Müller oder einem Dessertteller im Hofbräu, die Ködel-

talsperre im Frankenwald, die Arbeitszimmer meiner Eltern in Rehau, das kleine Museum der Vollkorn-Spezialitäten-Firma PEMA in Weißenstadt, das Scala Filmtheater in Hof, den Ausblick vom Fahrradsattel meines fränkischen Ghost-Bikes.

Hast du fränkische Lieblingsworte?
Fei und *a weng*, weil sie einem Nichtfranken größtmögliches Feingefühl in puncto Verwendung und Häufigkeit abverlangen.

Wenn du einem Marsmenschen Franken und die Franken erklären müsstest, wie sähe das aus?
Ich brächte ein Rauchbier herbei und einen Hofer *Wärschtlamo* und würde sagen: »Das ist unser kulinarisches Spektrum.« Dann würde ich ein Auto mieten und ihn vom Kunsthaus in Rehau zur Sammlung Ludwig in Bamberg fahren, natürlich mit Halt im Kunstmuseum Bayreuth, und sagen: »Das ist unser kulturelles Spektrum.« Und dann würde ich sagen: »Zeig mir den Mars, und ich sage dir, wer du bist.«

Fleischfango

Ich versuche mich zu entspannen. Im Nebenzimmer klappert eine Tastatur. Margit stellt vermutlich gerade Fotos von mir auf ihre Facebook-Seite. Ich beschließe, ihr gleich nachher einen Brief zu schreiben und unsere bis dato eigentlich recht vertrauensvolle Freundschaft zu kündigen. Nach fünf Minuten fängt meine Haut unangenehm zu spannen an, außerdem wird das Fleisch langsam kalt und entwickelt eine Konsistenz irgendwo zwischen trocken und klebrig – dass es diesen Aggregatszustand überhaupt gibt, wusste ich bislang gar nicht…

Was dem gemeinen Deutschen der Döner, ist dem Franken das *LKW*, das *Leberkäsweggla*: Leberkäse im Brötchen. Der bayerische Leberkäse darf anderswo nur als »Fleischkäse« verkauft werden, da außerhalb Bayerns eine lebensmittelrechtliche Bestimmung besagt, dass in Lebensmitteln, die mit der Vorsilbe »Leber-« beginnen, auch Leber enthalten sein muss. Im Süden Deutschlands nimmt man das gelassener. Im bayerischen Leberkäse, im Volksmund *Leberkäs* genannt, ist so ziemlich alles enthalten, was das Gesundheitsamt unter dem Begriff »Fleisch« gestattet: Schweine- und Rindfleisch, Schwarte und Pökelfleisch. Was man in einem Leberkäse hierzulande hingegen vergeblich suchen wird, ist Leber.

Während der Döner Kebab gespickt ist mit allerlei zu Lebzeiten noch Photosynthese betreibendem Beiwerk, wird der Leberkäse im Brötchen zumeist mit süßem Senf und im Zweifelsfall auch noch mit Ketchup verzehrt. Wem das zu puristisch ist, der kann sich eine Essiggurkenscheibe zwischen Leberkäse und Brötchen klemmen lassen. Insofern ist der Leberkäse wohl eines der konsequentesten fränkischen Fast-Food-Gerichte, bestehend aus dem Geschmackstriumvirat der westlichen Hemisphäre: Fleisch, Salz und Fett.

Meine langjährige Freundin Margit, die gelegentlich zu rhetorischen Generalisierungen neigt, behauptet, der fränkische Leberkäse sei »der letzte Mohikaner einer mittlerweile an allen Ecken und Enden auf Gesundheit und Wellness gepolten Lebensmittel- und Ernährungsindustrie«. Sie ist eine echte Leberkäsekennerin und eine große Verehrerin des gebackenen Fleischbreis. Wir haben uns zum Leberkäseessen in einer Bamberger Institution getroffen, der Metzgerei Liebold in der Sandstraße, von der man behauptet, hier gäbe es den besten *Leberkäs* der Stadt. Auch optisch ist die Metzgerei einen Ausflug wert: Das auf Hochglanz polierte Inventar ist noch aus den Fünfzigern, Liebold sozusagen eine Rockabilly-Metzgerei und ein Muss für alle Liebhaber unverkrampft authentischer Orte mit Fleischeinlage.

Unser Blick bleibt sofort an den drei Aluschachteln in der Auslage haften, die mit schimmerndem Fleischbrei gefüllt sind. Davor ein Schild in der Frakturschrift, wie sie deutschlandweit für Metzgereien typisch ist: »Leberkäs zum Selberaufbacken«. Schön sieht er nicht aus, der wabbelige Fleischbrei, aber irgendwie gefällt mir das zarte Rosa. Könnte glatt Modefarbe werden. Statt Greige – dieser unsäglichen Mischung aus Grau und Beige – oder Aubergine einfach mal: *Leberkäs*-Rosa. Genauer: Roher-*Leberkäs*-Rosa. Ich sehe schon Nagellacke und Kleider in Roher-*Leberkäs*-Rosa vor mir und beschließe, Karl Lagerfeld gleich nachher einen Brief zu schreiben. Immerhin hat auch Lady Gaga schon mal ein Fleischkleid getragen. Ich beschließe, ihr auch gleich noch einen Brief zu schreiben und vorzuschlagen, dass sie sich bei einem ihrer nächsten Auftritte zur Abwechslung mal mit rohem *Leberkäsbrei* ummantelt und anschließend bei 180 Grad auf der Bühne aufbacken lässt.

Ob sie eine fränkische Essiggurke in ihre Bühnenperformance einbinden will, würde ich ganz ihr überlassen. Aber Lady Gaga fiele sicherlich etwas mehr oder vielleicht auch minder Originelles dazu ein. Auf jeden Fall würde ich dafür plädieren, die nötigen Mengen

Fleischbrei genau hier zu besorgen, in der Metzgerei Liebold, wo ich noch immer mit Margit stehe, die gerade anfängt, über das Verhältnis von Essiggurken und Leberkäse zu philosophieren.

»Eine Essiggurke im *Leberkäsbrötchen*, das ist wie eine Stuckdecke in einem Walter-Gropius-Gebäude«, sagt Margit, ihres Zeichens Kunsthistorikerin mit Schwerpunkt Architektur, aber das nur am Rande. »Absolut unpassend, überflüssig, ein Anachronismus.«

Ich bin gedanklich immer noch bei Lady Gagas aufgebackenem Fleischbreikleid, während Margit sich in Rage redet. Was der rohe *Leberkäsbrei* wohl mit der Haut anstellt, wenn man ihn eine Weile hat einwirken lassen? Vielleicht kann man ihn auch kosmetisch verwenden, sprich: als Gesichtsmaske auftragen? Ich beschließe, heute noch einen Brief an Dr. Hauschka zu schicken. Wobei der wahrscheinlich nicht so viel von meiner Idee halten wird – zwar gibt es hin und wieder auch Bioleberkäse, aber der sieht nicht zartrosa aus, sondern eher wie nasse Pappe. Und das ließe sich schlecht vermarkten, dann das will sich nun wirklich kein Mensch ins Gesicht schmieren.

Außerdem will ich eigentlich nicht, dass jemand anderes meine Idee ausschlachtet – in den Zeiten der Finanzkrise muss ich schließlich auch an meine Altersvorsorge denken. Ich beschließe, doch keinen Brief an Dr. Hauschka zu schicken. Stattdessen wage ich den Selbstversuch und kaufe neben meinem *Leberkäsweggla* noch eine große Aluschale mit Leberkäsebrei für einen gepflegten *Leberkäswellnesstag* zu Hause. Margit ist begeistert und räumt ein, im Fall einer *Leberkäsgesichtsmaske* auch den Einsatz fränkischer Essiggurken für die Augenpartien zu akzeptieren.

Zu Hause schieben wir den *Leberkäsbrei* in den vorgeheizten Ofen und holen den angewärmten Fleischmatsch nach einer Minute wieder heraus. Margit verteilt die rosa Paste in meinem Gesicht. Auf die Augen: ein paar leckere Essiggurken. Keine so gute Idee, wie ich bemerke, als mir der Essig in die Augen läuft. Das Experiment jetzt abzubrechen kommt aber nicht in Frage, ich ertrage den Schmerz. Aber ich nehme mir vor, Lady Gaga in meinem Brief davon abzuraten, Essiggurken zu verwenden. Wobei – wer eine Brille aus brennenden Zigaretten tragen kann, der kann mit fränkischen Essiggurken vermutlich so ziemlich alles machen, ohne auch nur mit der künstlichen Wimper zu zucken. Während Margit immer noch den warmen Fleischbrei in meinem Gesicht verteilt, fällt mir auch der geeignete Name für die Anwendung ein, mit der ich in die Kosmetikbranche einsteigen werde: Fleischfango.

Hier liege ich nun also, während mir weitere brillante Geschäftsideen durch den Kopf gleiten. Bestimmt kann man rohen Leberkäse auch in der Raumfahrt oder beim Hausbau einsetzen… Unterdessen fängt das Fleisch in meinem Gesicht jedoch langsam, aber sicher zu nerven an. Ich frage mich, ob mich der inzwischen recht penetrante Geruch von rohem Leberkäse auch die nächsten Tage begleiten wird und welche Auswirkungen er auf meine Umwelt haben könnte, insbesondere auf die nächste Begegnung mit dem Nachbarshund. Vielleicht doch besser Raumfahrt und Hausbau. Vielleicht irgendwas mit Wärmedämmung? Ob Leberkäse Strom leitet?

Während ich meine Gedanken schweifen lasse, schabt Margit mir die inzwischen nicht mehr zartrosafarbene, sondern eher zu einer bräunlichen Angelegenheit oxidierte Paste aus dem Gesicht und füllt sie zurück in die Aluschale. Wir sind beide etwas enttäuscht.

»Immerhin habe ich ein paar schöne Fotos gemacht«, gibt Margit zu bedenken und beschließt, die Gesichtsmaskenreste doch noch fertig aufzubacken. Für ihren Exfreund. Der hat sich für den Nachmittag angemeldet, um die letzten Modalitäten der vor Kurzem von ihm eingeleiteten Trennung zu besprechen. Sogar ein paar Essiggürkchen sind noch da, stellt sie befriedigt fest, während die mit Epidermispartikeln angereicherte Leberkäsepampe im Ofen die Küche mit einem würzigen Duft erfüllt.

Das beste Leberkäserezept der Welt ...

... ist gar kein Rezept: Man nehme einfach eine Scheibe Leberkäse, lasse ihn von geübter Hand, am besten der der Metzgereifachverkäuferin, in ein aufgeschnittenes Brötchen legen, gebe bei Bedarf ein bisschen Senf drauf – und fertig. Der Leberkäse ist ein Purist. Leberkäse beispielsweise zu panieren, ist ungefähr so sinnvoll, wie einem leckeren argentinischen Rindersteak einen Teigmantel zu verpassen, einen Marsriegel zu frittieren oder Gummibärchen mit Puderzucker zu bestäuben. Schön, dass manche Dinge noch so einfach sind!

Zu Besuch bei den Obamas des Mittelalters

Ich weiß nicht, was Sie heute vorhaben, lieber Leser, aber wenn Sie schon mal hier sind, würde ich vorschlagen, wir unternehmen einen kleinen Spaziergang durch die Stadt mit den zwei Flüssen, dem Dom, dem Bier mit dem eigenartigen Rauchgeschmack und einem der erfolgreichsten Basketballteams Deutschlands: Bamberg.

Selbst Menschen, die noch nie hier waren, neigen ja bei der Erwähnung Bambergs dazu, wild auszurufen: »Bamberg, das soll ja so schön sein!« Damit haben sie auch völlig recht. Max Goldt zählt neben der Görlitzer auch die Bamberger Altstadt zu den schönsten in Deutschland. Ja, Bamberg ist wirklich schön, immer eine Reise und den obligatorischen Fußmarsch über seine sieben Hügel wert. Gegründet um 800 machte Heinrich II. Bamberg im Jahre 1007 zum Bistumssitz.

Bamberg sollte das zweite Rom werden und wird tatsächlich aufgrund seiner Lage auf sieben Hügeln immer wieder als »fränkisches Rom« bezeichnet (an dieser Stelle fällt mir ein: Ich habe Sie gar nicht gefragt, ob Sie festes Schuhwerk anhaben. Ich weiß, daran denkt man selten beim Lesen eines Buches, aber schließlich geht es hier um Bamberg. Und wie Sie sich spätestens jetzt denken können, erwarten uns in den kommenden Minuten einige Auf- und Abstiege auf steilen Pflasterstraßen). Entsprechend mittelalterlicher Planungsregeln ist die Stadt im Kreuz angelegt, dessen Enden die Kirchen von St. Michael, St. Stephan, St. Gangolf und St. Jakob bilden, die zugleich in die vier Himmelsrichtungen zeigen. In Bamberg wimmelt es also von mittelalterlichen Kirchen, nicht zuletzt deshalb zählt die Altstadt von Bamberg zum UNESCO-Weltkulturerbe.

Bevor wir uns völlig dem Mittelalter hingeben, beginnen wir unseren Bamberg-Trip aber lieber mit einem Milchkaffee im Café Müller in der Austraße. (Um Ihre Lektüre zu einem Erlebnis für alle Sinne werden zu lassen, können Sie sich an dieser Stelle einen Kaffee aus der Küche oder vom nächsten Kiosk holen, je nachdem wo Sie sich gerade befinden.) Das Café Müller gehört zu jedem auf Vollständigkeit angelegten Bamberg-Tag. Von außen elegant und unauffällig ist es im Innern im Kaffeehausstil gehalten, die Wände sind cremefarben und mittels der großen Spiegel, die in die Wände eingelassen sind, lässt sich hervorragend und vor allem unauffällig der Rest des Raumes beobachten, genauer: die anderen Cafébesucher. Hat man keine Lust auf Feldstudien, so kann man sich in ein Buch vertiefen, das man zuvor in einer der kleinen Buchhandlungen in der Nähe erworben hat, zum Beispiel im Fundevogel, einem modernen Antiquariat, in dem sich auf wenigen Quadratmetern Krimis, moderne Literatur, alte Klassiker, Fotobildbände, Hörbücher und jede Menge Postkarten stapeln. Im Café Müller trifft sich vom Morgenkaffee bis zum Abendbierchen die gesamte Innenstadt- und Austraßen-Melange: Schüler, Studenten, Professoren, überraschend hippe Bionade-Mütter mit Kinderwagen, die man eher in Prenzlauer Berg in Berlin vermuten würde, die umliegenden Ladenbesitzer, Hausfrauen auf Shoppingtour... Es gibt wohl kaum jemanden, der sich in der lebendigen Kaffeehausatmosphäre nicht wohlfühlen würde.

Seit einigen Jahren gibt es vor allem im Sommer noch einen zweiten Treffpunkt in Bamberg: das Rondo, ein noch aus den 1950er-Jahren stammendes Rondell mit Kiosk und ausgezeichnetem Kaffee am Schönleinsplatz. Hier lässt sich mit einem Kaffee in der Hand der vierspurige Berufsverkehr beobachten, der sich tagein, tagaus über den Schönleinsplatz schiebt. Wem das Plätschern der Regnitz in Bamberg ab und zu doch zu beschaulich wird, der bekommt hier einen Hauch Großstadtatmosphäre, vor allem gegen Mittag, wenn die Angestellten der umliegenden Behörden und Anwaltskanzleien ihren mittäglichen Stehkaffee zu sich nehmen. Tatsächlich: Bamberg hat so viele ruhige und beschauliche Ecken, so viel Mittelalter und Barock, dass es hin und wieder nötig wird, sich dem Getöse einer vierspurigen Straße hinzugeben, um nicht ganz zu vergessen, dass man im dritten Jahrtausend lebt und nicht versehentlich in einer Zeitschleife zwischen den Merowingern und Friedrich dem Großen hängengeblieben ist.

Nach einem kurzen Abstecher zum Rondo und einem zweiten Kaffee starten wir unseren Rundgang unterhalb des historischen Rathauses mit einem Blick auf die ehemalige Schiffer- und Fischersiedlung Klein-Venedig. Menschen, die schon einmal in Venedig waren, könnten beim ersten Blick auf die Fischersiedlung am Rande der Regnitz etwas enttäuscht sein, wenn sie sich aufgrund des vielversprechenden Namens Gassen, Kanäle und Brücken venezianischen Ausmaßes vorgestellt haben. Klein-Venedig sollte vielleicht eher Kleinklein-Venedig heißen, da es sich doch um eine deutlich kleinere Version der Lagunenstadt handelt: Über eine Länge von etwa 300 Metern (ich bin schlecht im Schätzen, es kann also auch ganz anders sein) reiht sich entlang der Regnitz ein pittoreskes Fachwerkhäuschen ans andere. Sehens- und fotografierenswert ist das auf jeden Fall.

Wenn man Glück hat fährt just in dem Moment auch der Bamberger Gondoliere mit seiner venezianischen

Gondel vorbei. Heute haben wir kein Glück, dafür dreht die Christl gerade ihre Runde, das Bamberger Ausflugs- schiff, mit dem man von der Anlegestelle am Kranen bis ins Bamberger Industriegebiet zum sogenannten Bamberger Hafen fahren kann. An Deck findet sich die für Bamberg übliche Touristenmischung im überregio- nal üblichen Touristenlook: beige Jacken, kombiniert mit beigen Gesundheitsschuhen (auffällig ist auch, dass ausgerechnet die Frauen mit den breiten Rücken immer diese extrakleinen Miniaturrucksäcke tragen, die den Rücken optisch immer noch einmal um das Doppelte verbreitern).

Falls Sie, lieber Leser, an dieser Stelle nicht auf eine Bootstour bestehen, wenden wir uns jetzt in Rich- tung des historischen Rathauses, das sich auf der Obe- ren Brücke hinter uns erhebt. Aufgrund des andauern- den mittelalterlichen Machtkampfes zwischen Kirche (Domberg) und Bürgertum (heutige Stadtmitte) wurde das Fachwerkhaus mit der barocken Fassade aus Grün- den der Neutralität in die Flussmitte gesetzt und thront dort bis heute als das Wahrzeichen der Stadt. Ich finde es immer wieder beeindruckend, wie es so majestätisch inmitten des Wassers sitzt und den Fluss spaltet. Sie dürfen noch einen Augenblick vor der Kulisse verweilen, ich hole mir derweil ein Eis in einer der Eisdielen auf der Oberen Brücke.

Danach erklimmen wir den Domberg. Das tun wir schweigend, schließlich hat es die kurze Steigung durchaus in sich. Aber es lohnt sich und ist immer wieder ein Erlebnis, wenn sich am Ende des Aufstiegs plötzlich das teils romanische, teils gotische Bauwerk erhebt. Etwas außer Atem betreten wir den Bamberger Dom durch die Westpforte. Dort geht es erst mal ans Grab eines Pärchens, das man als Glamourpaar des Mittelalters bezeichnen könnte: Heinrich II. und Kunigunde. Hätte es im Mittelalter schon die »Gala« oder die »Bunte« gegeben, Heinrich und Kunigunde hätten auf jeden Fall die Titelseiten gefüllt.

Das Paar stand und steht für alle Ideale des mittelalterlichen Menschen. Sie galten als Friedensstifter, als fromme Menschen und gute Eheleute. Ihre Ehe blieb aus bis heute unbekannten Gründen kinderlos. Aber diese Kinderlosigkeit führte, verbunden mit diversen Wundern, schlussendlich zur Heiligsprechung des Herrscherpaares: Als Kunigunde des Seitensprungs verdächtigt wurde, ließ Heinrich sie über messerscharfe Pflugscharen laufen. Ihre unversehrten Füße galten als Beweis für ihre Unschuld, und die Ehe war gerettet – die mittelalterliche Form der Paartherapie. Im 21. Jahrhundert klären Paare solche Dinge ja in der Regel bei einem sachlichen Gespräch. Ist mir persönlich auch lieber und erscheint mir vernünftiger als der Einsatz erhitzter Gartengeräte. Aber Vernunft, das war ja Kant, und der weilte bekanntlich erst ein paar Jahre später unter den Lebenden.

Ein weiteres Wunder, das Kunigunde geschah, war das »Pfennigwunder«: Eines Tages war die Kaiserin

Kunigunde dabei, den Handwerkern, die am Dom beschäftigt waren, ihren Lohn auszahlen. Einer der Männer wollte sich mehr Geld nehmen, als ihm zustand. Doch Kunigundes Münzen verbrannten dem Schlawiner die Hand und der versuchte Betrug flog auf. Was mit ihm passiert ist, weiß man nicht, aber wir wollen mal still hoffen, dass er seine Hand behalten durfte.

Doch nicht nur im Mittelalter entstanden Mythen um das Herrscherpaar. Bis heute existiert der Volksglaube, dass die Heilige Kunigunde die Domstadt im Zweiten Weltkrieg vor Bombenangriffen schützte, indem sie eine dichte Wolkendecke über die Stadt legte. Was dem modernen Menschen Helmut und Loki Schmidt, John F. und Jackie Kennedy oder Barack und Michelle Obama, waren Heinrich und Kunigunde fürs Mittelalter. Ein Paar mit besonderer Strahlkraft. Nur ohne Zigaretten und Internetauftritt. Dafür aber eben mit mehr *magic*.

Während Sie sich gerne noch ein paar weitere berühmte Paare der Moderne überlegen können, die sich mit unserem Herrscherpaar vergleichen lassen, gehen wir schon einmal in Richtung des berühmten Bamberger Reiters. Nur noch durch die schwedische Reisegruppe drängeln, schon stehen wir vor einer Säule, an der ein Mann mit Blick auf die ehemalige Grabstätte von Heinrich und Kunigunde auf einem Pferd sitzt.

Neben uns taucht ein Touristenpärchen auf, beide Ende 60, er mit Franken-Reisebuch (dem falschen!) und einer Kamera mit einem Objektiv von der Größe eines NASA-Weltraumteleskops.

Sie: »Was ist jetzt noch mal das Besondere an dem Reiter?«

Er: »Na, man weiß es halt nicht.«

Sie: »Ja, schon, aber woher weiß man dann, dass der so was Besonderes ist?«

Er: »Na, deswegen halt, weil man's nicht weiß.«

Sie: »Ja, aber wenn man's doch nicht weiß.«

Er: »Jetzt hör aber auf, ich weiß es doch auch nicht.«

Sie: »Eben.«

Pause

Sie: »Aber irgendwas hat er schon.«

Weitere gefühlte zwei Minuten vergehen.

Er: »Soll ich jetzt ein Foto machen oder nicht.«

Sie: »Na ja, mach halt eins, vorsichtshalber.«

Tja, das ist der Reiter tatsächlich: ähnlich unspektakulär wie die Kleine Meerjungfrau von Kopenhagen, aber doch irgendwie interessant. Um seine Herkunft und vor allem um seine Person ist schon einiges wissenschaftliches, aber auch pseudowissenschaftliches Tamtam gemacht worden. Er ist eines der großen Mysterien der Geschichts- und Kunstgeschichtsforschung. Seine stille Würde, mit der er auf seinem Pferd sitzt und den Blick gedankenverloren in die Ferne richtet, gibt bis heute Rätsel auf.

Bislang gibt es keinen klaren Beweis dafür, wer es ist, der da seit Jahrhunderten mitsamt seinem Pferd so stoisch am Pfeiler hängt. Zwei Theorien seien genannt: Die »Heiliger-Stephan-Theorie« besagt, dass es sich um Stephan I., den 1083 heiliggesprochenen Schwager Heinrichs II. handeln könnte. Dann gibt es die Theorie, dass der römisch-deutsche König Philipp von Schwaben, der 1208 bei einer Hochzeitsfeier in Bamberg ermordet wurde, da oben auf dem Pferd sitzt. Wie gesagt, sicher weiß man's nicht, und so ranken sich seit Jahrhunderten Geschichten und Gerüchte um den Reiter, der übrigens nicht immer so grau war, sondern einst bunt und in Farbe.

Wir reihen uns in einen Strom japanischer Touristen ein, um den Dom durch die Himmelspforte wieder zu verlassen. Zu unserer Linken liegt die Alte Hofhaltung, schräg rechts erhebt sich die Neue Residenz. Die Neue Residenz war früher Sitz der Bamberger Fürstbischöfe. Der erste im Renaissancestil gehaltene Teil wurde 1602 erbaut, fast 100 Jahre später ergänzte der Barock-Star-architekt Leonhard Dientzenhofer das Gebäude um weitere Teile. Besonders sehenswert, gerade im Sommer, ist der Rosengarten der Neuen Residenz, in dem man neben einem tollen Ausblick auf Bamberg auch unzählige Rosensorten entdecken kann. Sollten Sie zufällig vorhaben, Ihrem oder Ihrer Liebsten in nächster Zeit einen Heiratsantrag zu machen, und hat Ihr Liebster oder Ihre Liebste zufällig ein Faible für ein klassisches romantisches Ambiente, sollten Sie für Ihr Vorhaben einen Ausflug in den Bamberger Rosengarten in Erwägung ziehen – und zwar nicht im Spätherbst, da ist der Spaß natürlich schon vorbei.

Am Rande des Rosengartens gibt es einen kleinen Pavillon mit einem Café, das wegen seiner romantischen Atmosphäre häufig für Hochzeiten und andere Feiern genutzt wird. Aber man kann auch ohne gleich zu heiraten hier eine Pause einlegen und ein Stück Kuchen oder Torte genießen, das man sich nach dem Aufstieg und so viel kulturellem Input auf jeden Fall verdient hat.

Was ist denn das? Da ist ja schon wieder das Pärchen, das wir bereits vorm Bamberger Reiter getroffen haben. Sie, trotz strahlenden Sonnenscheins in eine Regenjacke gehüllt, postiert sich vor den Rosen, bereit für ein Foto fürs Familienalbum.

Er: »Jetzt sieht man aber nichts mehr von den Rosen.«

Sie: »Werner, du musst suhmen.«

Er: »Du musst dich schon entscheiden, entweder Rosen oder du. Beides zusammen passt nicht aufs Bild, so viel kann ich gar nicht suhmen.«

Sie: »Dann mach halt zwei Bilder, die kann man ja dann zu Hause hintereinanderstellen. Vorne ich. Hinten die Rosen. Das ist dann wie in 3-D.«

Er: »Und dann muss ich zwei Rahmen kaufen oder wie stellst du dir das vor?«

Sie stellt sich in Pose, er atmet kurz durch und drückt ab.

Ich habe währenddessen einen Kaffee getrunken und die fränkische Version des Croissants verzehrt, ein Bamberger *Hörnla*. Ich schlage vor, wir begeben uns zum Abschluss unseres heutigen Rundganges an einen Ort, der noch ein absoluter Geheimtipp unter Bambergbesuchern ist: die Villa Remeis am Oberen Michelsberg. Das neoklassizistische Häuschen gehörte im 19. Jahrhundert dem wohlhabenden Bamberger Bürger Karl Remeis, der diesen ja fast magisch schönen Ort nach seinem Tod seiner geliebten Stadt Bamberg vermachte. In seinem Testament heißt es dazu:

»Ich wünsche, dass dieses herrliche Fleckchen Erde allen stets zugänglich sein solle, auf dass recht viele recht oft sich der so schönen Aussicht auf dem Punkte erfreuen mögen, wo ich so glückliche Tage verbrachte. Und da ich meine guten Bamberger kenne, so möge auch für materielle Genüsse gesorgt werden; die Villa selbst soll unter tunlichster Beibehaltung ihrer damaligen Einrichtung und Möblierung stets allen Besuchern offen stehen und als Kaffeehaus dienen.«

Ich weiß ja nicht, wie es bei Ihnen aussieht, aber würde ich diese Form der posthumen Nutzung für meine derzeitige Wohnung verlangen, empfände die Nachwelt es wohl eher als Drohung. Doch in der Villa Remeis herrscht Puppenstubenatmosphäre, und gerade an Wochenenden muss man manchmal ein paar Minuten warten, bis in den insgesamt drei kleinen Räumchen wieder ein Tisch frei wird. Aber das Warten lohnt sich. Man hat das Gefühl, eine kleine Zeitreise zu machen, während man durch die gehäkelten Vorhänge und Sprossenfensterchen auf die Stadt blickt und den Eindruck bekommt, gleich könnten E.T.A. Hoffmann und sein Hund vorbeispazieren oder ein paar Damen der adligen Bamberger Gesellschaft auf einen Kaffee vorbeischauen. Latte macchiato gab's damals noch nicht, ist dem heutigen Besucher aber dennoch zu empfehlen. Genau wie ein Stück der großartigen Villa-Remeis-Torte. Und mit dieser Produktwerbung beschließen wir, lieber Leser, unseren heutigen Rundgang. An dieser Stelle empfiehlt sich ein kurzes Nickerchen – wir haben ja einige Hügel erklommen und das Stück Torte will schließlich auch verdaut werden …

Bamberg! Bamberg! Bamberg!

Ein Tag in Bamberg kann wunderschön sein, ist aber immer auch etwas unbefriedigend, ahnt man doch, wie viel Schönes und Sehenswertes man verpasst hat. Bamberg an einem Tag, das geht eigentlich nicht. Deshalb hier noch eine kurze Liste mit Sehenswürdigkeiten, die Sie beim nächsten Bambergausflug dann auf keinen Fall verpassen sollten:

Alte Hofhaltung
Der prunkvolle Renaissancebau ist ehemaliger Wohnsitz der Bischöfe und beherbergt heute das Historische Museum

der Stadt Bamberg. Falls der Heiratsantrag im Rosengarten funktioniert hat, kann man sich in der anliegenden Katharinenkapelle gleich standesamtlich trauen lassen. Wurde der Antrag abgelehnt, kann man sich mit einem Besuch des Museums und dem Anblick mittelalterlicher Folterwerkzeuge von seinem Herzschmerz ablenken.

Domplatz 7

Kloster Michelsberg

Das ehemalige Benediktinerkloster gehört neben dem Dom zu den prachtvollsten Sakralbauten Bambergs. Hat der Heiratsantrag im Rosengarten funktioniert, kann man sich hier gleich kirchlich trauen lassen. Hat er nicht funktioniert, lässt sich auch ohne Trauung, dafür in bequemer Kleidung, der sogenannte Himmelsgarten an der Decke der Kirche bewundern – ein gemaltes botanisches Lexikon mit mehr als 600 Heilpflanzen. Dabei kann man sich dann auch gleich überlegen, welche der Pflanzen gegen den steifen Nacken hilft, den man nach eingehender Betrachtung zwingend bekommt. Bei Rückenschmerzen klettert man durch eine kleine Öffnung im Grabmal Ottos II., das sich hinter dem Altar befindet. Der Legende nach wird und bleibt man dadurch für immer von Rückenleiden befreit. Ich wundere mich, dass die Krankenkassen bislang noch keine Bambergausflüge sponsern …

Franziskanergasse 2

Böttingerhaus

Was das Car Loft dem modernen Großstadtmenschen, war vor 200 Jahren dem Bürger das Bürgerhaus: Wohnstätte und Statussymbol. Das Böttingerhaus, benannt nach seinem Bauherrn Johann Ignaz Tobias Böttinger, gehört zu den prunkvollsten Barockbauten der Stadt und ist Teil des Weltkulturerbes. Davorstehen, staunen und sich fragen, was an Car Lofts jetzt eigentlich so aufregend ist.

Judenstraße 14

Wo wir entlanggelaufen sind

Café Müller, Austraße 23

Fundevogel – Modernes Antiquariat, Austraße 29

Café Rondo, Schönleinsplatz 3

Rosengarten, Domplatz 8

Das Genie
und mein Kater

Nach einer langen und feucht-fröhlichen Nacht bei guter Musik und einigen Getränken im Bamberger Morph Club mache ich mich eines frühen Morgens auf die Suche nach einer Apotheke, um meinem langsam anklingenden Kopfschmerz mit chemischen Mitteln Linderung zu bereiten. Mein Weg führt mich zur E.T.A.-Hoffmann-Apotheke in der Langen Straße. Was läge schließlich näher, als sich in einer nach dem Genie und leidenschaftlichem Trinker Hoffmann benannten Apotheke eine Familienpackung Paracetamol gegen den verkaterten Kopf zu holen? »Welch herrliche Analogie!«, müsste ich ausrufen, wäre ich ein spätromantischer Dichter des angehenden 19. Jahrhunderts. Ich fühle mich heute aber weder spätromantisch, noch ist mir besonders dichterisch zumute. Eher etwas flau. Insofern nuschele ich nur: »Is ja witzig…«, und kann nur vermuten, dass die ältere Dame, die gerade ein paar Frühstücksbrötchen in ihrem Rollator an mir vorbeischiebt und mich abschätzig mustert, sich im Gegensatz zu meinem heutigen Ich wie ein junges Rehlein fühlt.

Zuerst ist es mir ein bisschen unangenehm, an einem Wochentag, der bekanntermaßen ja der redlichen Arbeit und dem Fleiß vorbehalten ist, vormittags um elf mit Sonnenbrille, Restfahne und rotweinbeflecktem T-Shirt eine Apotheke anzusteuern. Das mir anhaftende Kneipenaroma tritt sofort in harte Konkurrenz zum apothekentypischen Zitronentraubenzucker-Em-eucal-Geruch, den ich schon seit Kindertagen sehr schätze. Doch die Apothekerin lässt sich nichts anmerken und lächelt ihr professionell vorwurfsfreies Apothekerinnenlächeln, das man fast immer genießen darf, wenn man am späten Vormittag wahlweise eine Packung Kopfschmerztabletten ordert oder einen Schwangerschaftsschnelltest (immer für die beste Freundin, versteht sich). Doch der Gedanke an Hoffmann, der diese Apotheke wohl auch des Öfteren aufsuchen würde, um an Katerbekämpfungsmittel zu kommen, wäre er denn noch am Leben, lindert meine Pein.

Vor der Apotheke wartet mein nicht ganz so verkaterter Studienfreund und Trinkkollege der letzten Nacht, Malte, der die fränkische Version von Paracetamol und Aspirin in der Hand hält: ein *Konterseidla* (gemäß der alten Trinkregel, dass man Feuer nur mit Feuer löschen kann). Vielleicht sollte ich auch eins trinken, aber irgendwie kriege ich das nicht hin, morgens auf den eh schon flauen Magen gleich ein Bier zu pressen, wie Malte es ausdrückt. Kopf und Magen signalisieren mir, dass dieser Tag nicht mehr produktiv zu gebrauchen sein wird. Und was macht man am besten bei einem Kater? Der Körper verlangt nach einem weichen Bett in komplett abgedunkelter Umgebung, medizinische Fachkreise raten hingegen zu leichter Bewegung an frischer Luft. Na, dann will ich mich mal Letzteren beugen. Wir beschließen unsere flauen Mägen und pochenden Schläfen mit einem kleinen Spaziergang zu besänftigen. Und was läge näher, als dabei auf den Spuren E. T. A. Hoffmanns durch Bamberg zu wandeln. Ich werfe zwei Schmerztabletten ein, spüle sie mit einem großen Schluck Mezzo Mix runter, und schon geht sie los, die kulturelle Spurensuche mit leichter Schlagseite.

Auf dem Weg zu Hoffmanns erstem Wohnhaus an der Nonnenbrücke kramen wir unser geballtes Halbwissen zusammen und versuchen, unsere Wissensschnipsel von der Hirnrinde zu lösen. Wie war das jetzt noch mal? Hoffmann. Kleiner gebeugter, buckliger Mann, große Nase, schwarze Haare, Romantik, Komponist, Musiker, Schriftsteller, Karikaturist – eine »Eier legende Wollmilchsau« würde man heute wohl sagen –, Hundebesitzer, Alkohol – Moment: Wie hieß noch mal der Hund? Ach ja: Berganza –, Liebe, »Sandmann«, Apfelweibla, »Elixiere des Teufels«, Julia Mark, »Ritter Gluck«, »Kater

Murr«, Genie, Ehemann, Enfant terrible, Querkopf, Provokateur, Trinker.

»Heute wäre Hoffmann entweder Theaterintendant oder Hartz-IV-Empfänger, wahrscheinlich beides in regelmäßigem Wechsel«, mutmaßt Malte.

Hoffmanns Karriere war schließlich ein ganz schönes Auf und Ab, und von den Abs zeugen zahlreiche Tagebucheinträge: »In der höchsten Not den alten Rock verkauft, um nur fressen zu können«, notierte er vor knapp 200 Jahren am 26. November 1812. Heute hätte er vermutlich geschrieben: »In der höchsten Not mein iPhone auf eBay gestellt, um die Telefonrechnung zahlen zu können.«

Doch zurück zu den harten geschichtlichen Fakten: Hoffman verbrachte die Jahre von 1808 bis 1813 in Bamberg. Fünf Jahre sind eigentlich keine besonders lange Zeit, trotzdem hinterließ er seine Spuren in der Domstadt. Es gibt ein nach ihm benanntes Theater, einen Platz, eine Schule, einen Weg, ebenjene Apotheke und immer wieder Veranstaltungen, die sich um Hoffmann drehen. Was Hoffmann selbst zu dieser posthumen Verehrung sagen würde, bleibt uns für immer ein Rätsel. Vielleicht würde er sich ein Glas Punsch einschenken und sich amüsieren. Zu Lebzeiten hätte er sich vermutlich nicht träumen lassen, dass die Bamberger ihn eines Tages so feiern und ehren würden. Zu traumatisch war der Aufenthalt des gebürtigen Königsbergers und späteren Wahlberliners in dem fränkischen Städtchen.

»Am 1. September in Bamberg angekommen« – dieses aussagekräftige Zitat aus seinem Tagebuch steht seit dem E.T.A.-Hoffmann-Jahr 2008 an die rote Hausmauer an der Nonnenbrücke gepinselt – Malte und ich stehen mittlerweile vor Hoffmanns erstem Wohnhaus in Bamberg. E.T.A. Hoffmann hatte sich mittels einer Anzeige als »Musikdirektor einer Kapelle oder eines Theaters« beworben. Das Bamberger Theater hatte ihm geantwortet und ihm eine Stelle angeboten. Soeben aus dem Staatsdienst entlassen und notorisch knapp bei Kasse nahm er die Stelle dankend an und zog mit seiner Frau Mischa vom preußischen Berlin in die fränkische Provinz.

Sein erstes Wohnhaus beherbergt heute ein Bildhaueratelier. Gleich ums Eck, am Schillerplatz, befindet sich das zweite Wohnhaus der Hoffmanns und darin seit einigen Jahren auch ein kleines E.T.A.-Hoffmann-Museum.

Zwar ist nicht nur mein Magen, sondern auch mein Kopf noch nicht wirklich aufnahmefähig, dennoch statten wir dem Museum einen kurzen Besuch ab. Einrichtungsgegenstände aus Hoffmanns Zeit sind leider nicht mehr erhalten, dafür gibt es Schriftstücke, Zeichnungen und Schautafeln, die man sich in frischem Zustand ansehen sollte und nicht mit Kopfschmerzen und getrübtem Blick. Ich muss mich konzentrieren, damit die Buchstaben nicht vor meinen Augen verschwimmen, auf meiner Stirn klebt kalter Schweiß und mein Magen meldet sich auch schon wieder, aber ich trage meinen Zustand mit Fassung und sehe ihn als meinen Tribut an E. T. A.s Trinkerseele.

Schräg gegenüber liegt das Theater, ein vor knapp zehn Jahren nach einem Brand neu gestalteter Bau in modernster Glas-Beton-Beton-Glas-und-noch-mal-Beton-Bauweise. Auf dem Platz vor dem Theater befindet sich heute eine Bronzeplastik des kleinen gebuckelten Mannes mit seinem Kater Murr auf der Schulter. Der Bronze-Hoffmann scheint nicht so genau zu wissen, ob er sich dem Theater zu- oder doch lieber abwenden soll, vielmehr steht er etwas unschlüssig in der Gegend herum.

Passend, stellt Malte anerkennend fest, denn den Job als Bamberger Musikdirektor verlor das bucklige Genie nach nur wenigen Wochen. Das erste Konzert unter seiner Leitung wurde zur Katastrophe, die Sänger und Musiker sangen und spielten scheinbar auf Verabredung völlig falsch und der neue Kapellmeister wurde vom Publikum hinausgezischt. Bis heute vermutet man eine Intrige hinter dieser musikalischen und beruflichen Niederlage Hoffmanns.

Wie einst Hoffmann kehren nun auch wir dem Theater den Rücken und wandern durch die Theatergasse zurück in die Lange Straße. Hier findet sich das ehemalige Wohnhaus von IHR: Julia Mark, Hoffmanns größtes Verhängnis in Bamberg. Nach seinem Rauswurf am Theater musste er sich als Musik- und Gesangslehrer der höheren Bamberger Töchter verdingen. Hoffmanns Tagebucheinträge zeugen auf unterhaltsame Weise von den Qualen, die der Feingeist angesichts der Unmusikalität seiner Schülerinnen durchlitt. Doch mit seiner Tätigkeit als Musiklehrer nahm das Schicksal eine Wendung, wie ihn sich kein Boulevard-Redakteur besser aus den Fingern hätte saugen könnte. Der emotionale und impulsive Hoffmann verliebte sich in seine Musikschülerin, die 14-jährige Julia Mark. »Verlieben« ist vielleicht ein wenig untertrieben, er vergötterte das Mädchen. Dutzende Briefe und – verschlüsselte (wegen seiner Frau; die gab's ja auch noch) – Tagebucheinträge zeugen von seinem Liebeswahn. Als Julia Mark 16-jährig mit einem anderen Mann verheiratet wurde, brach für Hoffmann eine Welt zusammen und seine Bamberger Tage waren gezählt. Auf einem Ausflug in Begleitung der Familie Mark beschimpfte und beleidigte er den Ehemann seiner Angebeteten aufs Äußerste – nach diesem Eklat war Hoffmann gezwungen, die Stadt zu verlassen.

Malte kriegt sich nicht mehr ein: »Vierzehn!«

»Ja, schon ganz schön jung.«

»Ich meine, vierzehn!«

»Ja, Malte. Aber das war damals ja auch noch eine andere Zeit.«

»Hey, vierzehn … ich meine … Halloho? Geht's noch?«

»Jetzt ist aber auch wieder gut, oder?«

»Vierzehn!«

Ich gebe auf und hole mir zwei Häuser weiter ein Stück Pizza, während Malte immer noch kopfschüttelnd Zahlen vor sich hinmurmelt.

»Wie war das eigentlich mit dem Hund?«, werfe ich ein, um ein anderes Thema anzuschlagen. »Den hat er doch irgendwo im Park aufgesammelt, oder?«

Ja, Hoffmann begegnete seinem Hund nach eigenen Erzählungen im Hain, dem Bamberger Stadtpark. Der Hund wurde sein steter Begleiter und inspirierte ihn zu vielen Erzählungen, allen voran zu den Geschichten der Erzählsammlung »Nachrichten von den neuesten Schicksalen des Hundes Berganza«. Hier trifft der Erzähler, Hoffmanns Alter Ego, auf dem Nachhauseweg von einer Kneipe auf den sprechenden Hund Berganza, der ihm von seinen Erlebnissen mit den Menschen erzählt. Und in diesen Erzählungen verarbeitete Hoffmann auch seine traumatische Bamberger Zeit – hier finden sich Verweise und mehr als deutliche Anspielungen auf einige seiner Zeitgenossen.

Also los, auf in Richtung Hain, dem Bamberger Central Park. Dort, auf der Jahnwiese, wo sich gerade eine Horde Studentinnen im Bikini auf ihre Abschlussprüfungen vorbereitet, steht ein Stein, der an die denkwürdige Begegnung von Hoffmann und Hund erinnern soll. Nicht besonders spektakulär, aber immerhin. Malte schlägt vor, in Sichtweite der fleißigen Studentinnen eine kleine Pause einzulegen, und zieht zwei Konterbiere aus seinem Rucksack. Halbnackte Studentinnen interessieren mich zwar grundsätzlich nicht so sehr wie Malte, aber inzwischen kann ich hoffentlich ein Bierchen verkraften. Schließlich sind wir auf den Spuren Hoffmanns, da sollte man nicht so zimperlich mit der Getränkeauswahl sein, fauche ich meinem Magen zu. Und siehe da, siehe da, nach dem ersten Schluck, der mir noch die Tränen in die Augen treibt, komme ich auf den Geschmack. Komisch, noch vor ein paar Stunden hätte ich mir nicht vorstellen können, jemals in meinem Leben wieder Alkohol zu trinken, aber angesichts der spontanen Linderung meiner Qualen muss ich diesen Beschluss noch mal überdenken. Am besten bei einem weiteren Bierchen.

Wie sein Zeitgenosse Jean Paul war auch Hoffmann großer Anhänger des Promille gestützten Schreibens. Was bei Jean Paul das Bier, waren bei Hoffmann sein selbst gebrauter Punsch und Wein. Seine Getränkeauswahl war durch das jeweilige Genre bedingt, mit dem das Multitalent sich gerade befasste. Beim Schreiben von Opern brachte Hoffmann sich mit schwerem Burgunderwein in die richtige Stimmung. Bei der Arbeit an einer komischen Oper half prickelnder Champagner und in seine Kirchenmusik flossen französischer Wein oder Rheinwein. Bei Kanzonetten kam italienischer Wein ins Glas, und romantische Musik komponierte er unter dem Einfluss seines legendären Punsches. An dieser Stelle frage ich mich, welches Getränk beim Verfassen eines »Heimatbuches Franken« helfen könnte. Die

Antwort liegt klar auf der Hand, man muss nur wissen, ob man gerade über Bier- oder Weinfranken schreibt.

Malte und ich beschließen, uns doch noch nicht endgültig dem in unserem Fall sicherlich gänzlich unproduktiven Nachmittagssuff zu ergeben, und widmen uns stattdessen noch kurz der Literatur Hoffmanns: So sehr Hoffmann auch unter seiner unglücklichen Liebe zu Julia Mark litt, so sehr inspirierten ihn Liebesleid und musikalischer Misserfolg zu seinen ersten literarischen Schritten: In Bamberg entstanden einige seiner wichtigsten literarischen Werke, unter anderem »Der goldne Topf«, die schon genannten »Nachrichten von den neuesten Schicksalen des Hundes Berganza« und die »Kreisleriana«, die Geschichten des Kapellmeisters Hans Kreisler, in denen Hoffmann seine Erfahrungen mit den untalentierten Bamberger Gesangschülerinnen verarbeitete.

Von der Jahnwiese brechen wir zu unserer letzten, sportlich aber anspruchsvollsten Etappe unseres kleinen Hoffmann-Rundganges auf: Los geht's zur Altenburg! Der Aufstieg ist wirklich nichts für Schwächlinge. Vom Hain führt der Weg durch die Judenstraße, übers Pfahlplätzchen in den Domgrund und anschließend – hier wird's anspruchsvoll – die Altenburger Straße hinauf zur Altenburg mit ihrem herrlichen Blick über Bamberg und das umliegende Land. Auch hierher zog es Hoffmann zum Dichten und Schreiben. Einige Motive flossen auch in seine schaurig-schönen Geschichten ein, wie der Burgfried, der die Vorlage für den Ratsturm bildete, von dem sich der dem Wahnsinn anheimgefallene Student Nathanael in »Der Sandmann« schließlich stürzt. Auch wenn es dramaturgisch gerade gut passen würde – Malte und ich haben nicht vor, uns von irgendwo runterzustürzen und beschließen unseren Hoffmann-Spaziergang stattdessen im Café auf der Altenburg mit einem weiteren Bier, das sich jetzt aber doch langsam nicht mehr als *Konterseidla* tarnen lässt.

Ich stelle nach dem zweiten Bier im Café fest, dass ich vermutlich kein Genie bin und auch in Zukunft keins sein werde. Selbst unter allmählich wieder steigendem Alkoholeinfluss kann ich keinerlei Regungen in meinem Hirn lokalisieren, die auf einen baldigen Ausbruch künstlerischen Schaffens hindeuten. Stattdessen stelle ich mit Wohlbehagen fest, wie sich mein Magen langsam wieder beruhigt und in meinem Kopf sich statt großer künstlerischer Ideen eine wohlige Schwere breit macht. Ich glaube, alles in allem bin ich doch ganz froh, kein Genie zu sein. Bleibt ja auch immer der Teil mit dem Wahnsinn. Dann öffne ich mein Notizbuch und schreibe schwungvoll: »Das Genie und mein Kater.«

Star-Check:
E. T. A. Hoffmann

Voller Name	Ernst Theodor Amadeus Hoffmann
Geburtstag	24. Januar 1776 (Königsberg)
Todestag	25. Juni 1822 (Berlin)
Epochenzuordnung	später Sturm und Drang, Romantik
Ehefrau	Maria Thekla Michalina
Berufe	Jurist, Komponist, Kapellmeister, Musikkritiker, Zeichner, Karikaturist, Schriftsteller
Lieblingsort	Berlin
Hobby	Punsch brauen
Literarisches Alter Ego	Kapellmeister Johannes Kreisler
Literarische Werke (Auswahl)	»Der goldne Topf« (1814), »Die Elixiere des Teufels« (1815/16), »Der Sandmann« (1816), »Klein Zaches, genannt Zinnober« (1819), »Das Fräulein von Scuderi« (1819/21), »Lebensansichten des Katers Murr« (1819/21)
Musikalische Werke (Auswahl)	»Aurora« (Oper, 1812), »Undine« (Oper, 1814)

Wo wir
entlanggelaufen sind

Morph Club

Obere Königstraße 39

www.morphclub.org

E.T.A.-Hoffmann-Haus

Schillerplatz 26

www.etahg.de

E.T.A.-Hoffmann-Theater

E.T.A.-Hoffmann-Platz 1

www.theater-bamberg.de

Julia Marks Wohnhaus

Lange Straße 13

Altenburg

Altenburg 1

Mach's kurz, sag's auf Fränkisch!

Eine Metzgerei (diesmal ohne Fleischfango – versprochen!). Die Kundin, als solche durch Einkaufskorb und Einkaufsbeutel zu erkennen, kommt an den Tresen. Dahinter die Metzgereifachverkäuferin, zu erkennen an einer rosa Kittelschürze, auf deren Brusttasche eine pinke Sau mit Schlachtmesser in der Pfote vor sich hin grinst, was durch die üppigen Rundungen der Metzgereifachverkäuferin noch besser zur Geltung kommt.

Kundin: »Das da hinten sieht aber lecker aus, was ist das denn bitte?«

Metzgereifachverkäuferin: »Das ist eine Göttinger, die haben wir jetzt ganz neu, müssen Sie unbedingt mal probieren, die passt ganz hervorragend zur Brotzeit oder als Snack für zwischendurch. Da brauchen Sie einfach nur Brot und Senf. Die kann man aber auch ganz fein anbraten, ein bisschen Kümmel drüber, fertig ist die kleine Fleischmahlzeit für zwischendurch.«

Kundin: »Oh, das klingt ja lecker! Ja, da nehm ich mal hundert Gramm. Und dann noch von dem roten Presssack, der hat meinem Mann so gut geschmeckt, und die Kinder waren auch begeistert. Wissen Sie, ich finde es einfach toll, regionale Lebensmittel zu kaufen, das ist einfach was anderes als die Sachen aus dem Supermarkt. So hat man viel mehr Bezug zu dem, was man isst, als hätte man das Schwein selbst noch gestreichelt. Das ist nicht so anonym, wissen Sie?«

Metzgereifachverkäuferin: »Ja, da haben Sie recht! Außerdem empfehle ich noch die Stadtwurst, die passt einfach zu allem. Besonders gut kann man die mit Tomaten und Zwiebel und ein bisschen Essig und Öl als Fleischsalat anmachen, eine ganz feine Sache ist das. Ist sogar eine Demeterwurst. Sie wissen schon, Demeter. Nach dem Mond ausgerichtet. Da kriegen die Schweine nur bei Vollmond zu essen oder so ähnlich, das haben wir jetzt jedenfalls ganz neu. Und wenn Sie wollen, gebe ich Ihnen noch ein Stück von unserer streichzarten Bioleberwurst mit.«

Kundin: »Aber sehr gerne doch. Demeter finde ich ja auch ganz, ganz toll. Und den Mond auch. Das ist ja auch wichtig, Ebbe und Flut und all das. Toll. Ich schneide meine Fußnägel ja grundsätzlich auch nur bei abnehmendem Mond. Ja, gerne auch von der Leberwurst. Die Kinder sind ganz verrückt nach Leberwurst.

Aber die ist ja ein bisschen fettig, ich passe da immer auf, dass das nicht überhandnimmt. Ich meine, man achtet ja doch auf die Ernährung und vor allem auf das Gewicht, vor allem bei Vollmond, nicht?«

Cut.

Tja. So geht es sicherlich in einigen Metzgereien zu. Aber nie, nie, nie, na gut: fast nie an einer fränkischen Metzgereitheke. Wir sind hier schließlich nicht im Ruhrgebiet. Wurst-Shopping auf Fränkisch geht eher so vonstatten:

Die Kundin, als solche durch Einkaufskorb und Einkaufsbeutel zu erkennen, kommt an den Tresen. Dahinter die Metzgereifachverkäuferin, zu erkennen an einer rosa Kittelschürze, auf deren Brusttasche eine pinke Sau mit Schlachtmesser in der Pfote vor sich hin grinst, was durch die üppigen Rundungen der Metzgereifachverkäuferin noch besser zur Geltung kommt.

Bis hierhin gleichen sich die Szenen noch. Aber das hat der aufmerksame Leser wahrscheinlich auch schon gemerkt. Bis hierhin...

Kundin (deutet auf die Auslage): »*Zwaa Bärla Brodworschd. Naa, ned die da vorn. Die da hindn.*«

Metzgereifachverkäuferin: »*Zwaa oder vier? Vier wärn grod im Angebod.*«

Kundin: »*Naa. Zwaa langa.*«

Metzgereifachverkäuferin: »*Nochwos?*«

Kundin: »*Zwaahunnad Gramm Göddinga, an Pressack und a halba Schdaddworschd.*« (Falls Sie sich wundern,

warum hier *Pressack* mit zwei »s« statt »Presssack« steht:
Auf keiner fränkischen Speisekarte findet sich das Gericht *Pressack* mit drei »s«. Kein echter Franke würde sich der deutschen Rechtschreibreform beugen und eine solche Konsonantenpolonaise fabrizieren. Mich hat der Verlag gezwungen, doch an die Metzgereifachverkäuferin kommt er zum Glück nicht ran – ich schütze meine Quellen.)

Metzgereifachverkäuferin: »*Die Schdoddworschd is fei Demedderworschd. Kenna Sie des? Demedder?*«

Kundin: »*Naa. Aber der Hunga draibds scho nai, denk ich a moll. Zwaahunnad Gramm.*«

Metzgereifachverkäuferin: »*Derf's nuch wo sai?*«

Kundin: »*Naa. Dange.*«

Cut.

Dem aufmerksamen Leser wird nicht entgangen sein, dass sich die fränkische Kommunikation im Vergleich zur ersten Szene, wie sie sich vielleicht in Duisburg oder auch in Köln abspielen könnte, durch eine gewisse Verknappung auszeichnet, man auch könnte euphemistisch sagen: durch eine Konzentration aufs Wesentliche.

Wie kommt's?

Mich wundert es, dass noch niemand auf die Idee gekommen ist, das ganze Phänomen einmal neurologisch unter die Lupe zu nehmen: Dem Franken scheint ein spezieller Sprachfilter ins Hirn eingebaut zu sein, der alle Inhalte und die damit zusammenhängenden, gerade entstehenden Sätze noch einmal auf überflüssige Bestandteile überprüft, bevor sie ausgesprochen werden. Alles, was nicht zum direkten Fortgang der Situation beiträgt, egal ob Floskeln, Höflichkeitsbekundungen oder schlichte Zusatzinformationen, sozusagen die sprachliche Salatbeilage, wird sofort aus dem Sprachzentrum getilgt. Wenn man so will, ist Fränkisch das skandinavische Design der deutschen Sprache: reduziert auf das, was wirklich wichtig ist.

Einwas

Ein weiteres Phänomen, das sich in dieses sprachökonomische Muster fügt, ist das kleine Wörtchen *einwas* (zumeist *einwos* ausgesprochen). Man benutzt es in Franken häufig anstelle des Indefinitpronomens »etwas«. So heißt es beispielsweise nicht »Ich möchte noch etwas sagen«, sondern »Ich möchte noch *einwas* sagen«. Statt »etwas vom Rehrücken« will man in Franken *einwas* vom Braten.

Einwas bezeichnet im Gegensatz zu »etwas« eine genaue Menge oder einen festen zeitlichen Rahmen. In *einwas* steckt also immer auch das Versprechen, dass die zeitliche Ausdehnung der angekündigten Handlung keine Neudefinition gültiger Zusammenhänge von Zeit und Raum erforderlich machen wird, wie es häufig der Fall ist, wenn jemand ankündigt, eine Sache würde noch »etwas länger« dauern.

Einwas ist pragmatisch. *Einwas* drängt sich nicht auf. *Einwas* ist im Gegensatz zu »etwas« fast ein wenig schüchtern. *Einwas* steht noch in der Ecke und scharrt verlegen mit dem Fuß, während sich »etwas« ganz selbstbewusst den umliegenden Raum erobert.

Übrigens heißt »Eins kannst du mir glauben« in Franken »*Einwos kannsd ma glaam*«. Aber machen Sie jetzt nicht den Fehler zu glauben, neben *einwas* gäbe es auch *zwei-, drei-* oder gar *vierwas. Einwas* ist und bleibt immer *einwas.*

Auf Außenstehende, also auf Nichtfranken, mag dieser sprachliche Purismus oft etwas schroff wirken, was in manchen Fällen auch damit zu tun haben könnte, dass einige Franken schlichtweg etwas schroff sind. In Franken ein Gespräch mit dem Satz »Und, wie geht's dir?« beginnen zu wollen, ist fatal. Oder, je nach Perspektive: entspannend. In weiten Teilen Deutschlands bekommt man als Antwort auf diese Frage eine ausführliche Beschreibung des aktuellen Zustands der befragten Person nebst ausführlicher Beschreibung des Zustands ihrer Familie nebst ausführlicher Beschreibung des Zustands ihres gesamten Freundeskreises nebst kurzem chronologischem Abriss der Vorkommnisse der vergangenen zwei Wochen innerhalb der drei eben genannten Gruppen. In Franken bekommt man lediglich eines zu hören: »*Bassd scho.*«

Bassd scho ist neben *fei* und *a weng* eine der drei rhetorischen Allzweckwaffen der Franken. Würde Sprache wie im Comic in Sprechblasen erscheinen, müssten über ganz Franken große und kleine *Bassd-scho*-Sprechblasen schweben. Keine Straße, kein Haus, kein Fußballverein, kein Büro, keine Kneipe, wo nicht einmal am Tag geraunt wird: »*Bassd scho.*« Die Wendung ist in ihren Variationen *bassd scho*, *bassd*, *had gebassd* und *had scho gebassd* in der fränkischen Kommunikation omnipräsent. Man sollte sich jedoch hüten, das harmlos klingende *bassd scho* als das Nichtvorhandensein erzählenswerter Informationen zu interpretieren. Auch wenn es erst einmal einfach klingt, verbirgt sich hinter *bassd scho* ein breites Spektrum verschiedenster Bedeutungen, die es zu entschlüsseln gilt.

Bassd scho kann nämlich einiges heißen, zum Beispiel: »Im Moment nicht so gut, meine Frau ist ausgezogen und hat noch nicht mal die Katze mitgenommen, aber ich komme klar und die Katze werde ich bestimmt auch noch los. Und jetzt entschuldige mich einen Augenblick, ich unternehme gleich meinen vierten Selbstmordversuch in drei Tagen und muss mich konzentrieren.«

Bassd scho kann aber auch heißen: »Ach, du weißt noch gar nichts von meinem Lottogewinn? Nächste Woche geht's nach Mallorca. Für immer. Und die Katze meiner Frau bleibt hier. Ach ja, und meine Frau auch.«

Ähnlich wie bei der Gebärdensprache sollte man bei *bassd scho* also unbedingt die Mimik des Gegenübers beachten. Spielt ein Lächeln um die Lippen oder hängt gar ein unterdrücktes Weinen im Gesicht? Fühlen Sie sich als Nichtfranke mit dieser Eigenart der Kommunikation überfordert, kann ich Sie beruhigen. Die Franken verstehen sich oft genug selbst nicht. Nicht selten führte ein missverstandenes *bassd scho* zu Freundschaftsaufkündigungen und Ehekrisen,

Schenken Sie also *bassd scho* nie zu großes Vertrauen, da es immer eine gewisse Ungenauigkeit transportiert, übrigens auch im Gespräch über Maßeinheiten. *Bassd scho* als Antwort auf die Frage nach der Größe der Parklücke? Lieber noch mal selbst überprüfen. – Eine ungünstige Antwort auf die Frage der besten Freundin, ob das ausgewählte Hochzeitskleides schön ist? »*Bassd scho.*« – Wie war ich? »*Bassd scho ...*« – Nein, es gibt Momente, da *bassd* »*bassd scho*« einfach nicht. Was aber leider auch einigen Franken nicht wirklich klar ist.

Doch bei allen Missverständnissen, die diese zwei kleinen Wörtchen hervorrufen können, lasse ich mich immer wieder gerne von der tiefen Einsicht, die ihnen innewohnt, beeindrucken und verzaubern: von dem Wissen darum, dass die Dinge schon ihren Gang gehen werden und man nicht immer an allem etwas ändern kann und muss: *Bassd scho*. Dass man nicht immer alles selbst in der Hand hat und es manchmal einfach richtig ist, das Schicksal zu akzeptieren, auch wenn die Frau nur die Katze zurücklässt: *Bassd scho*.

Bassd scho ist eine wunderbare sprachliche Oase, ein ruhige Insel alter Lebensklugheit in einer von Superlativen geprägten Welt. Wäre es nicht schön, wenn Heidi

Klum mal zu einem ihrer vermeintlichen Supermodels sagen würde: »Jenny-Luisa-Kim-Marie, du bist nicht gerade die Schönste, und ich fürchte, du solltest bei deinem IQ doch lieber studieren, als dir auf dem Catwalk die Haxen abzulaufen, deshalb hab ich leider kein Foto für dich... Aber das *bassd scho*.« Oder wenn Dieter Bohlen zu einem seiner vermeintlichen Superstars sagen würde: »Mirco-Tyron-Tim, ein Star wirst du nie, du kannst nicht singen und deine Ausstrahlung ist quasi nicht vorhanden... Aber du, *bassd scho*.« Oder wenn Klum-Bohlen einfach nur noch *bassd scho* sagen würden, ohne jeden Schnickschnack.

Oder die Nationalmannschaft nach einem misslichen Spiel: »Wir haben verloren. Aber irgendwie... na ja, *bassd scho*.« Oder wenn der Tagesthemensprecher einfach sagen würde: »Guten Abend und herzlich willkommen zu den ›Tagesthemen‹. Der Tag heute... *bassd scho*. Schönen Abend noch.« Wie schön wäre es, wenn die ganze Menschheit kurz innehalten und jeder laut und aus tiefster Überzeugung sagen würde: »*Bassd scho*.«

Ich glaube, so manche Ehe könnte gerettet, so mancher Nachbarschaftsstreit geschlichtet und so mancher Axtmord vermieden werden, wenn wir es öfter mal beim *bassd scho* belassen würden, statt immer alles bis zum Schluss auszudiskutieren und alles optimieren zu wollen. Ich glaube, die Welt wäre eine bessere. Und das Fernsehprogramm auch.

Fränkische Schimpfwörter

Selbstverständlich bietet das Fränkische aber auch Lösungen für den Fall, dass doch einmal gestritten wird. Hier sind einige davon:

Brunzgsichd	setzt sich zusammen aus *brunzen* (pinkeln) und *Gsichd* (Gesicht) – Übersetzungen vermögen die feinen Nuancen der fränkischen Sprache nicht immer einzufangen ...
Bumberer	männliches Geschlechtsteil; mehrfach verwendbar für »Musikant«, »Fußballer« oder als liebevoll abwertendes Kosewort für den Mann
Bumbl	weibliches Geschlechtsteil; liebevoll abwertendes Kosewort für die Frau
daaba Henna	dumme Frau
Daabsabbl	einfältiger Mensch
Debberla	liebevoll für »Depp«
Doldi	Tollpatsch
Dolln	übermütige Frau
Drudscherla	einfältiges, langsames Mädchen
kruzitürken	Ausruf des Zorns; hat entgegen des Wortklanges nichts mit zu kreuzigenden Türken zu tun, sondern mit dem Volksstamm der Kruderer, die gemeinsam mit den Türken Wien belagerten

Latschkappm	langsamer Mensch
Schlappsau	fauler Mensch
Waafn	Frau, die viel redet
Zigareddn-börschla	junger leichtlebiger Mann, liebevoll für »Taugenichts«

Auf dem Keller

Echt schön, der Biergarten!«, sagt Lukas und seufzt zufrieden.

Ein älteres Ehepaar, zu dem wir uns mit an den Tisch gesetzt haben, wendet sich uns mit einer vermutlich über die Jahre perfektionierten und deshalb vollkommen synchronen Kopfbewegung zu, und der Mann sagt mit sonorer Stimme: »*Naa, ned Biergaddn. Bierkeller. Aufm Keller, ned Gaddn.*«

Die beiden haben eine rot-weiß karierte Wachstuchtischdecke vor sich ausgebreitet, auf der *Ziebeleskäs*, diverse Dosenwurstsorten, Brot, Senf und Tomaten in Tupperschüsseln stehen. Auf ihren Bierkrügen das fränkische Schutzschild gegen insektoide Bierbadegäste: selbst mitgebrachte und mit eingravierten Vornamen der Besitzer versehene Holzbierdeckel. Denen zufolge handelt es sich bei unseren Nachbarn um das Exemplar Horst-und-Elke.

Lukas: »Ach so. Keller. Nicht Garten. Ich vergaß.«

Elke springt ihrem Gatten bei: »*Gaddn gibd's hier ned. Keller haasd des. Keller. Aufm Keller.*«

Lukas: »Alles klar. Keller. Nicht Garten. Keller. *All-right*. Hab verstanden.«

Eine fränkische Besonderheit rund um Bamberg, Forchheim und Erlangen ist es, im Sommer nicht wie im Rest Frankens und Bayerns in einen Biergarten zu gehen, nein, man geht »auf den Keller«. Auf den Keller gehen ist an sich das Gleiche, wie in einen Biergarten zu gehen. Die Namensgebung erklärt sich daher, dass unter den ebenerdigen »Bierkellern« die eigentlichen Keller liegen, in denen das Bier gelagert wird. Diese Tradition stammt noch aus dem 13. und 14. Jahrhundert. Damals, vor der Erfindung des länger haltbaren, untergärigen Bieres, kam es immer wieder zu Schwierigkeiten bei der längeren Lagerung des obergärigen Bieres – das Bier wurde bei zu warmen oder unkonstanten Temperaturen nicht selten sauer. So entstand die Idee, Lagerräume in Hügel oder Höhlen zu bauen, wo das Bier bei relativ konstanter niedriger Temperatur über längere Zeit gelagert werden konnte, ohne schlecht zu werden. Und schnell entstand auch die Sitte, das angelieferte Bier gleich an Ort und Stelle, also »auf dem Keller« zu trinken. Eine Top-Konstellation, was die Ökobilanz angeht: Ich glaube, einen kürzeren Lieferweg kann man sich kaum vorstellen. Davon sollte sich die israelische Bio-tomate mal eine Scheibe abschneiden.

Bei den Biergärten ist all das zwar ähnlich, trotzdem heißen sie nun einmal anders. Und auch optisch unterscheiden sich Bierkeller nicht von Biergärten: Es gibt braun-grün-weiße Biergarnituren, schöne hohe Bäume und in der Regel einen fantastischen Ausblick auf die Stadt, besonders vom Spezial und vom Wilde Rose Keller aus. Beide Keller liegen oben auf dem Bamberger Stephansberg, den es erst einmal zu erklimmen gilt, bevor man sich sein Bier und dazu eine Brotzeit bestellen kann, was man sich dann aber auch wirklich verdient hat.

Im Sommer strömen die Bamberger nur so auf ihre Keller, an lauen Sommerabenden gibt es regelrechte Völkerwanderungen den Berg hinauf, zwischen elf und zwölf, wenn die Keller schließen, strömen die Massen zu Fuß oder mit dem Fahrrad (beides nicht selten in leichten Schlangenbewegungen) wieder hinunter in die Stadt, um sich in der Judenstraße oder am Pfahlplätzchen lautstark voneinander zu verabschieden, niemals ohne den Vorsatz, am nächsten lauen Sommerabend sofort wieder auf einen der Keller zu gehen.

Bei schönem Wetter ist es auf den Kellern dementsprechend voll, aber trotzdem findet man immer einen Platz. Sich mit Unbekannten einen Tisch zu teilen und für kurze oder längere Momente ins Gespräch zu kommen, ist fester Bestandteil der fränkischen Wirtshauskultur. Auf ein höfliches »Ist hier noch frei?« wird man in Franken niemals eine unhöfliche Antwort, eine hochgezogene Augenbraue oder gar ein Nein kassieren. Der fränkische Wirtshausbesucher rutscht gerne zusammen – und wenn sich mit den neuen Tischnachbarn dabei noch ein geselliges Gespräch ergibt, umso besser. Falls Sie sich an dieser Stelle fragen, wie das nun mit der an anderen Stellen dieses Buches beschworenen Kurzangebundenheit der Franken zusammenpasst – tja, fränkische Sitten sind eben manchmal ein Mysterium.

Ehepaare, die schon jahrelang auf den Keller gehen, erkennt man übrigens daran, dass sie sich nicht mehr ins Gespräch versunken gegenübersitzen, sondern nebeneinander, um das Geschehen um sich herum schweigend zu beobachten. Dieses Schweigen wird nur durch kurze geflüsterte Kommentare über vorbeigehende Personen unterbrochen. Doch von Flüstern kann hier, auf dem Wilde Rose Keller, wohin ich meinen Freund Lukas entführt habe, schon nicht mehr die Rede sein.

Horst: »*Sie sen wohl ned vo do.*«

Lukas: »Nein. Aus Berlin. Aber ich liebe Franken.«

Horst: »*Na, des mergd ma.*«

Der ansonsten schlagfertige Lukas ist etwas betreten und ich versuche, die Situation zu retten: »Und Sie sind aus Bamberg?«

Horst: »Ja. Na freilich.«

Elke: »*Also, ich bin eigendlich aus Burgebrach, aber jetzt bin ich aa schon 37 Joah do.*«

Lukas: »Mensch, dann sind Sie ja schon länger in Bamberg, als ich auf der Welt bin!«

Wieder Schweigen.

Ich versuche erneut, die kommunikative Klippe zu umschiffen: »Ja, Bamberg ist schon schön.«

Elke: »*Also, am Anfang wolld ich ned auf Bamberch, ich wolld lieber auf meim Dorf bleim, aber middlerweile konn ich mir des gar nimmer annersch vorstellen.*«

Lukas: »Ja, so geht's mir auch mit Berlin. Ich bin ja jetzt in Kreuzberg, da wollte ich am Anfang auch nicht hin, weil ich in Prenzlauer Berg...«

Horst und Elke schauen Lukas, der seinen Redefluss langsam ausbremst, teils verständnislos, teils desinteressiert an. Aber das macht Lukas nichts, der zwar Urberliner ist, aber begeisterungsfähig für alles, was mit Franken und seinen Gebräuchen zu tun hat: Er kompensiert das fehlende Interesse mit einer großen Wurstplatte.

An der Essensausgabe stehen drei fränkische Amazonen in Kittelschürzen und verteilen Teller mit Schmalzbroten, Schinkenbroten, Pommes, *Schäufele* und Bratwürsten an die hungrige Besucherschlange.

Statt eines gesäuselten »Der Nächste, bitte« schlägt jedem Gast nur ein schroffes *»Dä Näggsde!«* entgegen. Das ist nicht besonders freundlich, aber dafür ökonomisch, und so wird die Schlange schnell kürzer und irgendwann ist auch Lukas an der Reihe. Als Lukas nach den einzelnen Wurstsorten auf der Wurstplatte fragt, antwortet die Amazone in ganz und gar fränkischer Manier: *»Des schdädd doch auf derra Dofl.«*

Lukas: »Aber...«

Amazone (die Augen verdrehend): »*Schingn, Blud-
worschd, Bressagg, Leberworschd, Schdaddworschd, Göddinga, Sülzn...*«

Die Wurstplatte ist dafür umso liebevoller gestaltet und mit einer fächerförmig aufgeschnittenen Essiggurke garniert. Dazu gibt's Senf und Brot. Ich hole am
Ausschank noch zwei Keesmann (im Bamberger Stadtteil Wunderburg gebrautes Bier), dann geben wir uns
dem Genuss hin.

Fränkische Brotzeit

Was dem Briten die *tea time* oder dem Amerikaner das Bar-
becue ist dem Franken die Brotzeit. Sie ist fester Bestandteil der fränkischen Lebensart. Eine fränkische Brotzeit fällt
in der Regel sehr üppig aus. Zu einer richtigen Brotzeit gehört in jedem Fall auch ein fränkisches Bier oder ein fränkischer Wein. Eine Brotzeit gibt es nicht nur zu einer bestimm-
ten Tageszeit, man kann sie morgens, mittags, abends und
sogar nachts zu sich nehmen. Im Folgenden ein paar Elemente der fränkischen Brotzeit, die sich auf jeder Speisekarte finden:

- ◆ **Ziebeleskäs:** Quark mit Zwiebeln, Salz, Pfeffer und
  Sahne verfeinert
- ◆ **Gerupfter:** die fränkische Version des *Obazda*

- **Presssack** (fränkisch auch *Bressagg*): eine Kochwurst aus Schweinefleisch und Schweineschwarte, gibt es in den Variationen Roter Presssack (mit Schweineblut hergestellt) und Weißer Presssack (Koch- oder Pökelsalz statt Schweineblut)
- **Stadtwurst mit Musik**: in Essig, Öl und Zwiebeln eingelegte Brühwurst; »Musik« spielt auf die Geräuschkulisse an, die der Verdauungsprozess aufgrund des Zwiebelverzehrs generiert
- **Kren**: Meerrettichpaste, bevorzugt zu Presssack serviert
- **Blaue Zipfel**: Bratwürste, die nicht gebraten, sondern in einem Zwiebelsud gekocht und serviert werden; dabei laufen die Bratwürste bläulich an

Nach einer halben Stunde kommt eine ältere Dame in blauer Kittelschürze und mit einem Leiterwagen an unseren Tisch und fragt: »*Feddich?*«

Lukas wirkt schon wieder etwas überfordert und schaut verständnislos.

Horst und Elke werfen sich einen vielsagenden Blick zu, die Dame in weißer Kittelschürze spart sich weitere Erläuterungen und sammelt kommentarlos unsere abgegessenen Teller ein, stapelt sie auf das andere gebrauchte Geschirr in ihrem Leiterwagen und zieht weiter.

Wir beschließen, den Bierkeller zu wechseln, und wandern runter zum Spezial. Hier hat man einen herrlichen Blick über ganz Bamberg mit all seinen Kirchen und dem Dom. Zu uns setzen sich ein paar Studenten, die ihr erstes Semester und damit auch ihren ersten Sommer in Bamberg verbringen. Ich habe mittlerweile mein drittes Bier vor mir, die Gespräche werden angeregter, die Studenten schwärmen von der Erlanger Bergkerwa, eine Studentin offenbar für Lukas, und nach einem vierten Bier beschließen wir, gemeinsam abzusteigen und im Stöhrenkeller am Oberen Stephansberg einzukehren.

Der Stöhrenkeller ist kein Keller, wie der Name suggerieren will, aber eine schöne Kneipe am Stephansberg. Im Sommer sitzen hier zugezogene Studenten neben alteingesessenen Bambergern an Tischen und Bänkchen oder einfach auf dem Gehsteig und beobachten bei Bier und Wein die Menschenströme, die vom Berg wieder in die Stadt fließen. Im Stöhrenkeller zeigt sich das gleiche Phänomen wie auf den Kellern: Auch hier gibt es bei halbvollen Tischen keine Berührungsängste. Man rückt gerne zusammen und sitzt Schulter an Schulter mit den Tischnachbarn. Mir persönlich gefällt diese Ungezwungenheit und Herzlichkeit in fränkischen Gaststuben sehr.

An dieser Stelle möchte ich noch auf das frankenweit gültige Begrüßungs- und Verabschiedungsritual hinweisen. Sich in einem fränkischen Wirtshaus die Hand zu reichen, ist unüblich. Stattdessen klopft der Franke zweimal auf den Tisch. Dieser Brauch geht auf das Mittelalter und den Berufsstand der Totengräber zurück: Nach Beerdigungen war der Totengräber immer der Letzte, der in der Gaststube eintraf, da er ja noch das jeweilige Grab zuschaufeln musste, während die übrige Trauergemeinde schon zum geselligen Teil der Beerdigung übergegangen war und bei Bier, Wein und einer kleinen Brotzeit beisammensaß. Traf dann schließlich der Totengräber im Wirtshaus ein, wollte ihm keiner der bereits essenden Beerdigungsgäste die Hand geben, und so klopfte er stattdessen zweimal auf den Tisch. Diese äußerst praktische und zeitsparende Geste setzte sich durch, wodurch der in ganz Franken übliche Brauch entstand, beim Willkommen und beim Abschied zweimal auf den Tisch zu klopfen.

Irgendwann kommen auch Horst und Elke vorbei und winken uns noch einmal unerwartet freundlich zu. Lukas ist gerührt. So viel Gefühlsbezeugung hätte er nach der kurzen und etwas trockenen Konversation mit den zufälligen Tischnachbarn gar nicht erwartet. Als wir spät in der Nacht den Rückweg antreten, bleiben wir in der Judenstraße stehen und verabschieden uns lautstark, nicht ohne uns auf eine baldige Wiederholung dieser Kellertour bei Lukas' nächstem Bambergbesuch einzuschwören.

Der Keller ruft!
Eine kleine Auswahl an Bamberger Bierkellern

Sämtliche Bamberger oder gar fränkische Brauereien und Wirtschaften aufzählen zu wollen, würde bedeuten, aus diesem Buch eine mehrbändige Reihe zu machen. Deshalb hier nur die bekanntesten Bamberger Keller auf einen Blick:

Dieser Aufstieg lohnt sich! Auf dem Stephansberg liegt einer der beliebtesten und größten Bamberger Keller, der **Wilde Rose Keller**.

Oberer Stephansberg 49

Auf dem Kaulberg liegt die **Brauerei Greifenklau**, hier sitzt man im Sommer unter Kastanien. Legendär sind auch die Bockbieranstiche im Herbst.

Laurenziplatz 20

Einen der schönsten Ausblicke auf Bamberg und seine Umgebung hat man vom **Spezialkeller**. Hier trinkt man das berühmte Spezial Rauchbier mit seinem unverkennbaren Geschmack nach geräuchertem Schinken.

Sternwartstraße 8

Auf halber Höhe zwischen dem Spezial und dem Wilde Rose Keller liegt etwas versteckt der wunderschöne **Mahr's Bräu Keller**.

Oberer Stephansberg 36

Der Clochard
unter den Fischen

Ich glaube, mit dem Karpfen ist es wie mit Rauchbier, Zigaretten und Sex. Man muss dafür bereit sein. Man muss es fühlen. Man muss es wollen. Und in der Regel braucht man ein paar Anläufe, um auf den Geschmack zu kommen. Wie bei der ersten Zigarette und beim ersten Rauchbier (wie es beim Sex ist, sei dahingestellt, da hört man ja die unterschiedlichsten Erfahrungsberichte).

Ich fühle mich bereit, reif und willig, glaube es zu spüren und fahre in einem der Monate mit »r« mit meiner Freundin Margit in die Fränkische Schweiz zum Karpfenessen.

Um die Geschmacksbreite ins schier Unermessliche auszudehnen, entscheiden wir uns für gleich zwei verschiedene Zubereitungsweisen: Margit blau, ich bestelle die gebackene Version und dazu, ganz traditionell, Kartoffelsalat.

Eine halbe Stunde später habe ich ein braungolden paniertes Karpfenexemplar vor mir liegen, Margit ein grau-lila-perlmuttfarben schimmerndes vor sich. Margits Karpfen erinnert stark an das Make-up von Liz Taylor in den späten Achtzigern. Ich weiß nicht, wer hier wen kopiert hat, vielleicht ist es aber auch nur Zufall oder das Unterbewusstsein von Liz Taylors Stylist, das hier seine Wirkung entfaltet hat.

Ein dürres, scheinbar aus Holz geschnitztes und in sich gekrümmtes Wesen schaut mich aus einem nach oben liegenden und ziemlich weich gekochten Auge an. Dieses Wesen erinnert an eine fantastische Märchenfigur und könnte glatt einer E. T. A.-Hoffmann-Erzählung entsprungen sein. Gekochte Augen haben bekanntermaßen keine Pupille mehr, was dem vor mir liegendem Fisch etwas Orakelhaftes verleiht. Es nähme mich nicht wunder, würde mich das Wesen jetzt aus seinem ein wenig geöffneten Häkchenmund ansprechen und anbieten, mir im Tausch gegen drei Jahre (wieso eigentlich immer ausgerechnet drei?) meines Lebens drei (schon wieder drei – so langsam wird's aber wirklich unheimlich) total abgefahrene Wünsche zu erfüllen.

Abgesehen davon, dass ich gar nicht wüsste, was ich mir Abgefahrenes wünschen sollte, spricht mich der Karpfen auch nicht an, sondern bleibt stumm auf seinem Teller liegen, den jemand mit einem Salatblatt und einer rohen Karottenscheibe garniert hat – ein kleiner Scherz aus der Küche?

Denn wie Sie inzwischen längst gemerkt haben werden, geht es in der fränkischen Küche grundsätzlich nicht darum, leichte Kost herzustellen, die den Köper möglichst wenig herausfordert, wie es zum Beispiel in Werbespots für diverse Milchriegel immer wieder propagiert wird. Und »nicht« meint hier die konsequenteste Form von »nicht«, also nicht »eher selten« oder »in der Regel eher nicht«, nein, hier handelt es sich um ein »nicht« im ganz existenziellen Sinne, ein »nicht«, das Jean-Paul Sartre benutzt hätte, hätte man ihm folgenden Satz zur Vervollständigung vorgelegt: »Ein Leben nach dem Tod gibt es …«

Es geht in der fränkischen Küche nun aber auch nicht darum, die größtmögliche Energiedichte in kleinstmögliche Portionen zu stecken. Ziel ist es vielmehr, die größtmögliche Energiedichte in größtmöglichen Portionen zu servieren. Die in der modernen Gesundheits- und Ernährungsbranche so verpönte, ja, fast schon aus dem Ernährungsplan exkommunizierte Verbindung aus Fett und Kohlenhydraten bildet dabei das solide, sich allen Trends widersetzende und immer wieder überzeugende Grundgerüst fränkischer Küche. Mit nichts kann man den modernen Trennkostanhänger mehr provozieren als mit einer gepflegten fränkischen Mahlzeit.

Margits blauer Liz-Taylor-Karpfen spricht ebenfalls nicht zu uns, und so zücke ich mein Fischbesteck und entferne in einem ersten chirurgischen Eingriff das nach oben liegende Auge, um den starren und vielleicht auch etwas vorwurfsvollen Blick meines Essens nicht länger ertragen zu müssen, bevor ich den blinden Fisch mit frischer Zitrone beträufle. Beim Öffnen des Fisches blicke ich auf cremefarbenes und graues Fleisch, das von jeder Menge Gräten durchzogen ist. Schnell schreibe ich Margit noch die Telefonnummer meiner Eltern, meines Freundes und meiner Krankenversicherung auf eine Serviette, dann nehme ich meinen Karpfen in Angriff.

Nach gerade einmal drei Bissen merke ich schon einen gewissen Sättigungsgrad. Weil sich der Karpfen in seinen stehenden Gewässern nicht unbedingt viel bewegt, hat er reichlich Zeit, Fett anzusetzen. Vergleicht man ihn mit dem Extremsportler unter den Fischen, mit dem kanadischen Wildlachs, der sein ganzes Leben damit verbringt, stromaufwärts zu schwimmen und in dessen Fleisch sich deshalb kaum Fett befindet, erscheint der Karpfen als der Penner unter den Fischen, der Outlaw, der Clochard. Vergleicht man das System der Fische mit dem System der Menschen (um endlich ein bisschen Luhmannsche Systemtheorie ins Spiel zu bringen), so ist der Karpfen wahrscheinlich das Pendant zu dem Mann, der jedem regelmäßigen Bahnfahrer irgendwann einmal im Regionalexpress gegenübersitzt, nach einem Eimer Kräuterschnaps riecht, schläft und dabei mit einem Spuckefaden seinen speckigen Pullover benässt. Der einzige Unterschied: Diesen Mann würden wir im Zweifelsfall eher nicht panieren, frittieren, mit Zitrone beträufeln oder gar aufessen – und das Ganze auch nur in Monaten mit »r«. Nein, würden wir nicht. Oder, um es einmal frei nach Rousseau zu sagen: noch nicht.

Der Karpfen ist nicht nur der Clochard, sondern auch die Couch-Potato unter den Fischen. Wenn der kanadische Wildlachs Chuck Norris ist, dann findet der Karpfen sein Alter Ego in Jeff Bridges alias The Big Lebowski. Wenn ein noch lebendiger Karpfen etwas nicht ist, dann ist es das: sportlich, bewegungsfreudig, agil, lebenslustig und neugierig. Wobei sich die Verfasserin gerade fragt, ob es überhaupt Tiere mit diesen Eigenschaften gibt. Das Lager der Hunde-, Schimpansen-, Delfin- und Walfreunde heult vermutlich gerade auf – jaja, die können das alles, ich weiß, ich weiß … Im Zweifelsfall kann der kritische und nicht schimpansen- oder delfinverblendete Leser Letzteres mit Kuli oder Bleistift wieder ausstreichen oder tipp-exen. Interaktive Bücher kommen ja derzeit wieder in Mode, habe ich gehört.

Die Bewegungsresistenz merkt man dem einen oder anderen Vertreter der Spezies Karpfen beim Verzehr ziemlich schnell an. Und ein wenig fühlt man sich danach auch selber so: träge, schwer und eindeutig fetter als vorher. Ein Karpfen ist also nichts für Figurfeiglinge. So einen Karpfen muss man wollen. So ein Karpfen ist fett und salzig, aber genau das macht auch seinen Reiz aus. So ein fränkischer Karpfen wird sich wohl nie in einer Trend-Food-Liste für gesundheitssüchtige Lifestyle-Jünger wiederfinden. So ein Karpfen bleibt einfach ein Karpfen. So ein Karpfen schmeckt eben ein wenig nach altem Schlamm, darüber können auch die mittlerweile zweite darüber ausgequetschte Zitrone und die Unmengen an Panade und der dazu gereichte Kartoffelsalat nicht hinwegtäuschen.

So sieht das auch Margit – und ist begeistert! Nach meinem Karpfen ist mir allerdings ein bisschen schlecht. Also bestellen wir noch einen gefühlten Eimer Kräuterschnaps zum Runterspülen. Nachdem der Schnaps sich in unseren Mägen auf den Karpfen gelegt hat, fühlen wir uns besser. Und ich bin mir sicher: Nicht morgen, nicht übermorgen und auch nicht nächste Woche, aber allerspätestens in der nächsten Runde der Monate mit »r« werde ich wieder eines dieser fantastisch gekrümmten panierten Dinger auf dem Teller liegen haben.

Fette Fische: Karpfen

Der Karpfen ist ursprünglich Asiate und wurde im Mittelalter vermutlich von fränkischen Mönchen und Nonnen in hiesigen Gewässern angesiedelt, um den ansonsten kargen Speiseplan während der fleischlosen Fastenmonate etwas aufzuheitern. Mittlerweile ist der Karpfen ein fester Bestandteil der fränkischen Küche, wobei es ihn nicht zu jeder Zeit, sondern nur in der Karpfensaison gibt. Die Karpfensaison umfasst alle Monate, die ein »r« in sich tragen, sie geht also von Septemberrr bis Aprrril. Karpfen ist auch ein traditionelles Gericht an Heiligabend, wenn man in der Adventszeit bis zum ersten Weihnachtstag auf Fleisch verzichten will (so der alte und, wenn man einmal ehrlich ist, wahrscheinlich irgendwann aussterbende Brauch).

Der Karpfen wird vorwiegend in bewegungsarmen Gewässern, in sogenannten Himmelsteichen gezüchtet, also in Teichen, die ihr Wasser durch Regen gewinnen und nicht durch den Zufluss anderer Gewässer. Dort lebt der Karpfen am Grund und ernährt sich von Schlamm und Pflanzenresten. Wichtig für die Zubereitung des Karpfens ist aus diesem Grund das sogenannte Wässern: Bevor der Karpfen auf den Tisch gelangt, wird er, nachdem er seinem Gewässer entnommen wurde, noch einmal in extra dafür hergestellten Becken einige Tage mit Frischwasser umspült. So wird der modrige Geschmack abgemildert, der den Karpfen normalerweise aufgrund seiner natürlichen Lebensweise umgibt.

Karpfen gibt es gebacken oder blau, wobei die meisten Menschen, die ich kenne, die gebackene Version bevorzugen. Karpfen blau ist eher etwas für Menschen, die nachmittags um drei plötzlich eine rohe Karotte zücken und behaupten: »Das ist doch ein super Snack für zwischendurch. Früher hab ich am Nachmittag immer Schokolade gegessen, aber so eine Karotte tut's echt genauso.«

Nein, das tut sie nicht.

Das sei an dieser Stelle geschrieben und für die Nachwelt auf ewig festgehalten: Karotten sind kein Ersatz für
irgendetwas, schon gar nicht für Schokolade oder Chips.
Genauso wenig wie Karpfen blau dem gebackenen Karpfen
vorzuziehen ist. Einen gebackenen Karpfen zu verspeisen,
bedeutet, den Gaumen mithilfe eines gefühlten halben
Kilos Panade über den Brackwassergeschmack des Fisches
hinwegzutäuschen. Und die Panade saugt auch die Zitrone
besser auf – schon schmeckt der Karpfen nicht mehr nach
Karpfen, sondern eben wie ein gut paniertes Wiener Schnit-
zel, das man durch einen dummen Zufall ein paar Tage
lang in einem abgestanden Gewässer hat liegen lassen.
Und dennoch zieht es mich jedes Jahr wieder in das eine
oder andere Karpfenlokal. Karpfen – das ist einfach Kult in
Franken.

Wagner, Jean-Paul und immer wieder: Bier!

Du liebes Bayreuth, auf einem so schön gearbeiteten, so grün angestrichenen Präsentierteller von Gegend einem dargeboten, man sollte sich einbohren in dich, um nimmer heraus zu können« – der Dichter Jean Paul war ein glühender Verehrer der heutigen Hauptstadt Oberfrankens, der späteren Wagner- und Universitätsstadt Bayreuth.

Die Bayreuther Innenstadt wurde vor ein paar Jahren vollkommen neu gestaltet. So wurde der Omnibusbahnhof, von den Bayreuthern schlicht »Businsel« genannt, vom Marktplatz zwei Ecken weiter verlegt. Zu meiner Schulzeit war die Businsel ein magischer Ort, dort traf sich jeden Mittag Bayreuths gesammelte Jugend, um mit dem Bus nach Hause zu fahren. Hier wurden Freundschaften geschlossen, Feindschaften ausgetragen, Händchen gehalten und erste Küsse gekostet, erste Zigaretten geraucht und jede Menge Panini-Bilder getauscht. Statt Busse und Horden sich in der Gegend herumschubsender Schüler bevölkern jetzt Cafés und Eisdielen die Maxstraße. Im Sommer spielen nun kleine Kinder in einem neu angelegten Flüsschen, das sich als 30 Zentimeter breiter Graben durch die Fußgängerzone zieht, ähnlich den Freiburger Bächle. Doch während der Freiburger, ob jung oder alt, von jeher an die bewässerten Vertiefungen gewohnt ist, war die Neugestaltung des Marktplatzes und vor allem des winzigen Kanals von etlichen Ausrutschern, Stürzen und verkeilten Rollatoren begleitet. Deshalb wird das niedliche Bächlein im Volksmund auch »Todesrinne« genannt.

Alles in allem hat sich die Bayreuther Innenstadt aber mittlerweile zu einem ansehnlichen Plätzchen gemausert – hier kann man sogar noch *Ladde madschado* bestellen, ohne abschätzig angeschaut zu werden, hier lässt man sich gerne mit einem Eis oder auf das eine oder andere Bierchen nieder.

Eine Mischung aus Moderne und traditionellem fränkischem Flair findet man beispielsweise im Oskar, dem Wirtshaus am Markt. Zwar müssen die zahlreichen Kellnerinnen und Kellner anachronistische Dirndl und Lederhosen tragen und die Inneneinrichtung ist ein bisschen auf bayerischer Vergnügungspark getrimmt – eine Mischung aus Hofbräuhaus, fränkischer Gaststube und jeder Menge Folklore vortäuschender Einrichtungsgegenstände: Mit Blumen geschmückte Wagenräder und historische Schwarz-Weiß-Fotografien schmücken die Wände.

Trotzdem funktioniert das Konzept auf seine Art und das Essen spricht auch für sich. Es gibt fränkisch-bayerische Hausmannskost von Bratwürsten bis hin zu *Schweinsknöchla*. Im Sommer kann man im dazugehörigen Biergarten auf der Maxstraße sitzen, über ein dampfendes *Schäufele* gebeugt die vorbeischlendernden Fußgänger beobachten und an Friedrich Nietzsche denken, der einst über Bayreuth sagte: »Irgendwann sitzen wir alle in Bayreuth zusammen und fragen uns, wie wir es irgendwo anders nur aushalten konnten.«

Die langjährige Freundschaft zu Cosima und Richard Wagner führte den jungen Philosophen Nietzsche immer wieder nach Bayreuth, nachdem er 1871 in seiner Schrift »Die Geburt der Tragödie aus dem Geiste der Musik« das Bild von Wagner als Neuerfinder der abendländischen Kunst etabliert hatte. Richard Wagner selbst kam 1872 mit Ehefrau Cosima nach Bayreuth. Ursprünglich zog es den Komponisten wegen Wilhelmines Markgräflichen Opernhauses in die fränkische Provinz. Als ihm das Opernhaus der Markgräfin (das 2012 übrigens zum Weltkulturerbe ernannt wurde) für seine Zwecke doch zu klein erschien, baute er sich, dank einer großzügigen Finanzspritze des bayerischen *Kini* Ludwig II., mit dem er lebenslang ein enges Verhältnis unterhielt, ein eigenes Opernhaus.

Die jährlich stattfindenden Bayreuther Festspiele sind ein Kosmos für sich und die Familie Wagner kann man wohl zurecht als den fränkischen Denver-Clan bezeichnen. Jahr für Jahr pilgern Hunderte Wagnerianer aus aller Welt nach Bayreuth, um für fünf bis sechs Stunden bei immer dünner werdender Luft auf den ungepolsterten Holzstühlen Platz zu nehmen, denn das Wagnersche Opernhaus gilt als eines der weltbesten Konzerthäuser – was die Akustik betrifft. Ob »Der Ring des Nibelungen«, »Der Fliegende Holländer«, »Die Meistersinger von Nürnberg« oder der »Tannhäuser« – um an eine Karte für das Opernspektakel zu kommen, muss man mehrere Jahre Wartezeit in Kauf nehmen. Doch all das ist auch Teil des Mythos und der Magie des Grünen Hügels, ebenso wie die Gäste: Neben Angela Merkel, Gloria von Thurn und Taxis und Hans-Dietrich Genscher sind Thomas Gottschalk und Ehefrau Thea treue Gäste der Bayreuther Richard-Wagner-Festspiele, wo insbesondere die letzten beiden die Entourage beim Premierenschaulaufen jedes Jahr mit bunt-fröhlichen Outfits bereichern.

In den vergangenen Jahren waren es eher die Erbfolgestreitigkeiten als die Inszenierungen, die es in die Zeitungen schafften. Wolfgang Wagner, der ewige Patriarch, wollte seinen Stuhl partout nicht freigeben, und so entspann sich ein Nachfolgekrieg zwischen den Töchtern Nike Wagner, Eva Wagner-Pasquier und der sympathisch-resolut dauerfränkelnden Katharina Wagner, aus dem schließlich das Führungstandem Eva Wagner-Pasquier und Katharina Wagner hervorging.

Eine entscheidende Neuerung, von den Bayreuthern mit großer Begeisterung aufgenommen, ist die Übertragung der Wagner-Aufführungen mittels Public Viewing. Auf dem Bayreuther Volksfestplatz finden sich jedes Jahr einmal im Sommer Tausende Bayreuther und zugereiste Wagner-Fans ein, um einer der Aufführungen live (und umsonst!) vor der Großbildleinwand beizuwohnen – egal ob in brütender Hitze oder in strömendem Regen. Dort sitzt dann Abendkleid neben Bermudashorts, ältere Damen machen sich einen Prosecco auf, während hier und da der eine oder andere Kasten Bier neben den Klappstühlen steht, um im Laufe der mehrstündigen Liveübertragung erheblich leichter zu werden. Das ist Oper mal ganz anders. Aber vor allen Dingen: entspannt. Kein Wunder, dass es so etwas gerade in Franken gibt.

Geht man vom Opernhaus, dessen roter Ziegelbau auf dem Grünen Hügel über der Stadt thront, in Richtung Innenstadt, kommt man zur Villa Wahnfried, dem Wohnhaus Richard Wagners, das heute natürlich in der Richard-Wagner-Straße steht. Das Haus kann man besichtigen und einen Spaziergang durch den Hofgarten dahinter anschließen, der wiederum auf die Markgräfin Wilhelmine zurückgeht.

Kuldua in Bayreuth

Richard-Wagner-Museum – Haus Wahnfried
Wohnst du noch oder komponierst du schon? Diese Frage
musste sich Richard Wagner vermutlich nicht so oft stellen.
Einen Schwan streicheln und Wagner hören!
Richard-Wagner-Straße 48,
www.wagnermuseum.de

Kunstmuseum Bayreuth
Der unprätentiöse Museumsname: reines Understatement.
Max Beckmann, Lyonel Feininger, Alfred Hrdlicka, Erich
Heckel: alle da!
Altes Rathaus, Maximilianstraße 33,
www.kunstmuseum-bayreuth.de

Jean-Paul-Museum
Auch wenn Jean Paul vermutlich nichts dagegen gehabt
hätte: Sein Bier darf man nicht mit hineinnehmen.
Wahnfriedstraße 1

Festspielhaus am Grünen Hügel
In der Premierenpause der Richard-Wagner-Festspiele kann
man hier gut ein paar Bratwürste essen. Und Angela Merkel
suchen.
Festspielhügel 1–2,
www.bayreuther-festspiele.de

Markgräfliches Opernhaus
Trotz des Holzes innen nie abgebrannt. Reingehen und
dreimal auf ebenjenes klopfen.
Opernstraße 14

Neben Richard Wagner und Franz Liszt hatte Bayreuth
noch einen weiteren berühmten langjährigen Bewohner:
den heute zu den Klassikern der deutschen Literatur zäh-
lenden, von kaum jemandem mehr gelesenen Dichter
Jean Paul. Der ursprünglich als Johann Paul Friedrich
Richter in Wunsiedel im Fichtelgebirge geborene Jean
Paul wählte seinen Namen als Hommage an sein großes Vorbild, den französischen Philosophen Jean-Jacques
Rousseau. Er lebte von 1804 bis zu seinem Tod 1825 mit
seiner Frau Karoline in der Markgrafenstadt Bayreuth,
die längste (und auch letzte) Zeit davon in der Friedrichstraße, deren prachtvolle Sandsteinhäuser aus dem
18. Jahrhunderts auch heute noch erhalten sind. Inzwischen beherbergt das Haus der Pauls ein kleines Jean-
Paul-Museum.

Neben seinem Wohnhaus in der Friedrichstraße gab
es noch einen zweiten wichtigen Ort für Jean Paul: die
Rollwenzelei, eine Gaststube in der Königsallee nahe der
Eremitage. Hier kehrte der Dichter fast jeden Tag ein,
um zu trinken und zu schreiben. Er war hier nicht nur
ein Gast unter vielen, die Rollwenzelei war in gewisser
Weise sein zweites Zuhause. Die Wirtsleute stellten ihm

eine kleine Dichterstube zur Verfügung, in der er jeden Tag saß, trank und arbeitete. Das Haus ist mittlerweile in privater Hand, die Dichterstube wurde jedoch vor einigen Jahren renoviert, in den Originalzustand versetzt und zählt heute zu den kleinsten Museen Deutschlands.

Kneipen und Gaststätten in und um Bayreuth

Oskar – das Wirtshaus am Markt

Ehemaliges Rathaus, danach Polizeiwache, jetzt Wirtshaus: Das älteste Gebäude am Bayreuther Markt hat eine lange Geschichte.

Maximilianstraße 33

www.oskar-bayreuth.de

Herzogkeller

Großzügiger Bierkeller am Rande der Innenstadt. Hier verbringt der Bayreuther seine Sommerabende.

Hindenburgstraße 9

www.herzogkeller.de

Hansl's Holzofenpizza

Hier haltmachen und eine Steinofenpizza essen …

Friedrichstraße 15

www.hansls-holzofenpizzeria.de

Mann's Bräu
Urige Traditionsbrauerei im Stadtzentrum. Geheimtipp!
Friedrichstraße 23

Restaurant zur Sudpfanne
Wenn's zur Abwechslung mal nicht die geballte fränki-
sche Folkloreladung sein soll: gediegenes Ambiente für
Freunde gehobener Gastronomie.
Oberkonnersreuther Straße 6
www.sudpfanne.de

Schreiben und Trinken, das bedingte sich für Jean Paul
in nicht unerheblichem Maße gegenseitig. Ein nicht zu
vernachlässigender Grund für die Bayreuth-Affinität des
Dichtergenies war mithin das Bayreuther Bier, dem der
Autor in großen Mengen und mit noch größerer Leiden-
schaft zusprach. Was das Essen anging, war Jean Paul eher
einfach und bescheiden, wie man aus seinen Aufzeich-
nungen und Notizen lesen kann. Der zeitweise Mangel an
Bier, manchmal aus organisatorischen, nicht selten aber
auch aus finanziellen Gründen, sorgte hingegen regelmäßig für Ärger im Hause Paul.

Jean Pauls Gattin Karoline, hauptverantwortlich für
die Beschaffung des gelobten Gerstensaftes, beklagte sich
nicht selten über die Unmengen an Bier, die regelmäßig
in den Haushalt geliefert wurden. Auch war sie nicht
selten schlichtweg überfordert mit der täglichen Bier-

beschaffung für ihren scheinbar unersättlichen Mann, der übrigens alles andere als ein unstrukturierter Trinker war. Die regelmäßigen Bier- und Alkoholrationen erfolgten nach einem über den Tag verteilten und vorher festgelegten Plan, der sich wiederum nach der Arbeitsstruktur des Dichters richtete – aber vielleicht war es auch andersherum.

An dieser Stelle liegt es auf der Hand, ein interaktives Element in dieses Buch einzubauen: Holen Sie sich ein Bier aus dem Keller, dem Kühlschrank oder von einem Kiosk in der Nähe, öffnen Sie es und fragen Sie sich, was dieser ominöse Jean Paul, dessen Namen Sie zwar kennen, über den Sie sonst bislang aber vermutlich kaum etwas wussten, wohl für Geschichten zu erzählen hat. Ich für meine Fälle tue jetzt das Gleiche und schlage meinen »Siebenkäs« auf – prost! Auf Bayreuth und seine Bewohner, die Lebenden wie die Toten!

Star-Check:
Jean Paul

Voller Name	Johann Paul Friedrich Richter
Geburtstag	21. März 1763 (Wunsiedel)
Todestag	14. November 1825 (Bayreuth)
Epochenzuordnung	zwischen Klassik und Romantik
Ehefrau	Karoline
Lieblingsepoche	Aufklärung
Vorbild	Jean-Jacques Rousseau
Beruf	Autor
Hobby	Biertrinken
Markenzeichen	Humor
Literarische Werke (Auswahl)	»Leben des vergnügten Schulmeisterlein Maria Wutz in Auenthal« (1793), »Hesperus oder 45 Hundposttage« (1795), »Leben des Quintus Fixlein« (1796), »Siebenkäs« (1796/97), »Der Jubelsenior« (1797), »Titan« (1800–1803), »Flegeljahre« (1804/05)

A weng?
Fei werglich!

Ich stehe mit Andi, einem Freund, der vom Rheinland ins fränkische Würzburg gezogen ist, an einer Metzgereitheke – wie sollte es anders sein. Es ist Zeit, ihn einem fränkischen Initiationsritus zu unterziehen, und ich gehe mit ihm seinen ersten Leberkäse essen. (Jetzt fragen Sie sich bestimmt: Schon wieder Leberkäse? Ja, lieber Leser, nichts eignet sich besser als Leberkäse, um die verschiedensten Phänomene der fränkischen Mentalität, in diesem Fall der Sprache, zu illustrieren.) Ein kurzer Blick in die Auslage genügt, um ihn zu erspähen – da ist er! Ein großer rotbrauner brotkastenförmiger Fleischberg döst unter einer Halogenwärmelampe und der zarte Duft von gebackenem Fleisch steigt in unsere Nasen. Unauffällig beobachte ich Andi und registriere zufrieden das Funkeln in seinen Augen. Spätestens an dieser Stelle steht für ihn fest: Er wird den Umzug ins Fränkische nicht bereuen. Voller Vorfreude hebt Andi die Hand, in der er bereits das abgezählte Geld für den Leberkäse hält, nichts scheint dem Transfer von Leberkäse gegen Andis Euros mehr im Wege zu stehen, als die Metzgereifachverkäuferin ihm plötzlich eine völlig unerwartete Frage stellt: »*Derf's a weng a Düdn sein?*«

Andis Gesicht wird zum Fragezeichen.

»Ähhh… Eine halbe? Oder eine viertel Tüte? Ich weiß nicht genau…«, sagt er, während die Metzgereifachverkäuferin, die sich durch ein Namensschild auf dem üppigen Busen als Martina Haderlein ausweist, etwas genervt die Stirn runzelt.

»Einen Moment, bitte«, sage ich, woraufhin sie mit den Schultern zuckt, ein Beil zur Hand nimmt und mit rhythmischen Schlägen eine Schweinelende zerteilt. Ich nehme den verwirrten Andi am Arm und führe ihn zu einem der Stehtische am Ladenfenster.

»Hab ich was falsch gemacht?«, fragt Andi.

Englisch, Italienisch und auch Mandarin beherrscht Andi, der diplomierte Wirtschaftsingenieur, aber Fränkisch…? Ich seufze, ziehe Mia Pittroffs »Heimatbuch Franken« aus der Tasche und zeige Andi folgenden Infokasten:

Derf's a weng »a weng« sein?

A weng bedeutet so viel wie »ein wenig« oder »ein bisschen«. Das Besondere am fränkischen *a weng*: Es kann sowohl adjektivisch als auch adverbial verwendet werden. Und wenn eine Metzgereifachverkäuferin fragt, ob's *a weng a Düdn sein derf*, so ist damit nicht nur ein Teil einer Tüte gemeint, sondern eine ganze.

Lyrikfreunde bemerken sofort: *A weng a Düdn* hat einen ganz speziellen Klang – einen jambischen, also steigenden Rhythmus. Auch wenn Sie mit Lyrik nichts am Hut haben, kann ich nur empfehlen: Sprechen sie den Satz einige Male vor sich hin und Sie werden den Rhythmus förmlich spüren können.

Aber was genau bedeutet *a weng a Düdn*? Zuerst einmal betont es, dass Sie auf keinen Fall den kompletten Tütenbestand des Ladens mitnehmen werden. Zudem erstickt *a weng a Düdn* die ökologische Grundsatzdebatte, ob Plastiktüte ja oder nein, sogleich im Keim. Deshalb sollte man auf die Frage, ob's *a weng a Düdn sein derf*, auch schlicht mit *Jaa* oder *Naa* antworten und diese Entscheidung dann keinesfalls näher begründen oder gar nach einer Jutetüte fragen.

Jeder Leberkäsekäufer, der halbwegs bei Verstand ist, antwortet sowieso mit *Naa*, da er weiß, dass man den fränkischen Leberkäse auf der Stelle und noch warm verzehren muss.

A weng lässt sich natürlich nicht nur in Bezug auf Plastiktüten anwenden. Es kann auch eine zeitliche Größe näher umschreiben. So kann es passieren, dass ein überraschend braun gebrannter Bekannter erklärt: »*Mia woan a weng auf Mallorga.*« *A weng* bezieht sich in diesem Fall auf die Urlaubsdauer und meint, dass man statt fünf Jahren eben nur fünf Tage auf Mallorca war.

Man kann aber auch zu einem frisch frisierten Bekannten sagen: »*Woasd a weng beim Frisöa?*« – ein gutes Beispiel dafür, dass der Franke nicht alle Nase lang große Komplimente macht. Überhaupt: Relativierungen. Übertreibungen, Zuspitzungen, große Worte, das sind nicht des Frankens Sache. *Woasd a weng beim Frisöa?* bedeutet so viel wie: Ich nehme zur Kenntnis, dass du dir die Haare hast schneiden lassen, und ich finde es nicht schlecht. Fortgeschrittene können sich an einer Kombination verschiedener fränkischer Wendungen versuchen: »*Woasd a weng beim Frisöa?*« – »Ja. Und?« – »*Bassd scho.*« Hier haben wir übrigens gerade das größte Kompliment gehört, zu dem ein Franke in der Lage ist.

A weng kann regional bedingt übrigens auch zu *a wengla* oder *a wengala* werden.

Andi nickt nachdenklich. Dann geht er zur Theke und sagt: »*Jetzt nehme ich gerne a weng an Leberkäs. Und weil man bei euch auch a weng a Düdn kriegen kann, würde ich fei eine nehmen. Bitte.*«

Ihrem Blick nach zu folgern, fragt sich die Metzgereifachverkäuferin Martina Haderlein, ob Andi eigentlich noch ganz sauber ist. Dann zuckt sie mit den Schultern, nimmt unsere daumendicken Leberkäsescheiben und faltet das Wurstpapier so geschickt drum herum, dass jeder Origami-Meister seine wahre Freude daran hätte. Das warme Paket legt sie in die *A-weng-a-Düdn*. Wir verlassen den Laden. Die Tüte verschwindet nach wenigen Sekunden im nächsten Mülleimer, der Leberkäse in uns.

Zwei Wochen später treffe ich Andi auf einem Weinfest in der Nähe von Würzburg. Diesmal ohne Leberkäse, dafür in Begleitung einer fränkischen Monica Bellucci. Monica Bellucci entpuppt sich bei näherer Betrachtung als Martina Haderlein, die die Metzgereischürze gegen ein eng anliegendes rotes Kleid getauscht hat, das ihre weiblichen Rundungen unverschämt gut zur Geltung bringt.

»*Ja, ich waas scho, ich schau a weng annersch aus, so brivad, ober inner Medzgerai mach ich da ned so a Gschiss mid die Glamoddn.*«

In diesem Moment verliebe ich mich zum ersten Mal in meinem Leben *a weng* in eine Frau.

Fei scho, gell?

Für alle, die nicht nur *a weng* sprachlich interessiert sind, hier noch ein weiteres grammatisches Allroundtalent des Fränkischen: das kleine Wörtchen *fei*.

Es gibt Stimmen, die behaupten, es gäbe in keiner Sprache der Welt eine Entsprechung zum fränkischen *fei*. Ich persönlich halte das für übertrieben – ein Gegenbeispiel: *Fei* findet sein Pendant im englischen Adverb *actually*, das so viel bedeutet wie »tatsächlich« oder »eigentlich«. Genau wie sein englischer Bruder lässt sich *fei* in so ziemlich jeder Satzkonstruktion unterbringen und kann verschiedene Funktionen übernehmen. Am häufigsten dient *fei* aber dazu, eine Aussage zu unterstreichen und zu betonen. Um ein paar praxisnahe Beispiele zu nennen:

Ich hob dich fei gern. – »Ich liebe dich über alles.«

Ich hob fei scho a weng an Hunger. – »Ich bin kurz vorm Verhungern!«

Oder auch: *Mir sen fei a weng schbäd.* – »Eigentlich hätten wir schon vor zwei Stunden da sein sollen.«

Nichtfranken haben oft Schwierigkeiten mit der richtigen Positionierung des *fei*. *Fei* steht niemals am Satzende. »Ich habe die Prüfung bestanden, *fei*« ist folglich grammatikalisch falsch. Dafür kann *fei* durchaus an den Satzanfang gestellt werden, hat hier aber eher imperativen Charakter, wie im Falle des beliebten Ausrufs: »*Fei Obacht!*«

Des is fei ned so kombliziert, oddä?

Gestatten, Wilhelmine!

Folgende Begebenheit habe ich nicht wirklich erlebt, sondern zur Abwechslung mal geträumt (zumindest habe ich mir ausgedacht, dass ich sie geträumt habe). Wäre auch schlecht anders möglich, ist die Protagonistin meines Traumes doch bereits seit über 100 Jahren tot. Ich muss es also geträumt haben, anders wäre diese Geschichte nicht plausibel und Sie, lieber Leser, würden die Seriosität dieses Büchleins vielleicht noch stärker anzweifeln, als Sie es möglicherweise ohnehin schon seit einigen Kapiteln tun. Wie dem auch sei. Ich habe das Ganze also geträumt...

Es ist ein Mittwochnachmittag (einer dieser eigentlich total überflüssigen Traumfakten: Für die Traumhandlung ist es total unwichtig zu wissen, dass es Mittwochnachmittag ist, trotzdem ist man sich in einem Traum ganz sicher: Mittwoch ist es und Nachmittag. Das soll mir erst mal einer deuten). Es ist also Mittwochnachmittag und ich stehe in der Bayreuther Fußgängerzone. Alles ist in ein helles, traumtypisches Licht getaucht und ich überlege gerade, mir gegenüber der Spitalkirche ein paar Bratwürste zu holen, als mir eine Dame in barockem Wallegewand und mit weißer Marge-Simpson-Barockperücke entgegenkommt und in perfektem Französisch laut vor sich hin flucht. Zuerst denke ich, es handele sich um eine historische Stadtführung und die Dame sei lediglich in historischer Verkleidung und angetrunken, aber dann erkenne ich: Es ist Wilhelmine *herself*, Markgräfin von Bayreuth. Wow. Gibt's ja gar nicht.

Na ja, ich weiß nicht, dass es nur ein Traum ist, weil ich ja selbst träume, und bin erst mal ziemlich perplex. Die Dame steuert über den Maxplatz am Neptunbrunnen vorbei in meine Richtung, ihre Kleider wehen um sie herum, die gepuderte Perücke schwankt bedrohlich auf ihrem Kopf hin und her.

»*Merde, quelle horreur!*«, schimpft sie vor sich hin.

Ich antworte in perfektem Französisch (in meinem Traum kann ich das, in Wirklichkeit nur so lala): »Was ist denn los?«

»*Diese scheiß-'ässliche Provinzstadt, wie konnten misch meine Eltern nur 'ier'erschicken! Schauen Sie sisch doch mal um, isch komme aus Berlin, Sie können sisch nischt vorschdellen den 'of meines Vaters: alles groß und elegond, und was finde isch 'ier? Nur Staub und Dreck und kleinbürgerlische Proleten! Wie klein ist dieses Nest über'aubt? 10.000 Ein-*

wohner? Und gucken Sie sisch die an, wie die aussehen, so klein und dreckisch und schlescht gekleidet… Das ist schreck- lisch!«

Zur damaligen Zeit waren es tatsächlich noch 10.000, heute sind es um die 80.000 Einwohner. Ich überlege, wie der heutige Blick eines Berliners auf Bayreuth aus- fallen könnte, und befürchte: genauso. Wilhelmine zückt einen kleinen japanischen Fächer und wedelt sich damit aufgeregt vor dem Gesicht herum.

»Ja, aber so schlimm ist doch Bayreuth gar nicht«, sage ich, »und nicht zuletzt dank Ihnen. Sie haben doch jede Menge schöner Sachen hier aufgestellt.«

»*Moi? Tatsäschlisch? 'abe isch?*«, schnieft die Mark- gräfin.

»Ja, haben Sie das denn vergessen?«

»*Isch weiß nischt, ich bin ja schon ein paar Jahre dod und war schon lange nischt mehr 'ier. Wissen Sie, man vergisst so vieles, wenn man erst mal ein paar Jährschen dod ist.*«

Ich frage nicht nach, warum man aus dem Jenseits wieder in die Gegenwart kommen darf und in wel- chem Zustand. Zumindest tritt sie nicht allzu oft die Reise gen Erde an, sie scheint wirklich alles vergessen zu haben.

»Na ja, vielleicht kann ich Ihnen helfen, ich denke, ein paar Sachen kann ich Ihnen zeigen, für die Sie ver- antwortlich waren.«

»*Ah oui, das wäre formidable.*«

»Na, dann kommen Sie mal mit.«

Ich komme mir in meinem Schlafanzug, der in der Regel aus den Klamotten des Vortages besteht, neben ihrer pompösen Erscheinung etwas underdressed vor, doch Wilhelmine scheint das nicht zu stören.

Zuerst gehen wir die Fußgängerzone entlang in Richtung Sternplatz. Die Markgräfin staunt nicht schlecht und ich muss einiges erklären, haben sich doch in den letzten 200 Jahren einige technische Neuerungen ereignet. Doch die meiste Zeit fragt mich die Markgräfin über ihr Leben aus. Ich versuche, so gut es geht zu antworten, schließlich habe ich mich auf diesen Traum nicht explizit vorbereitet und muss darauf vertrauen, dass mein Unterbewusstsein ein paar Eckdaten aus dem Schulunterricht behalten hat.

»Aaalso: Sie sind am 3. Juli 1709 in Potsdam geboren und am 14. Oktober 1758 in Bayreuth gestorben.«

»*Mon dieu, in diese Kaff?*«

»Tja, tut mir leid, das sind die historischen Fakten. Ihre Eltern waren der Soldatenkönig Friedrich Wilhelm I. und seine Frau Sophie Dorothea. Ihr Bruder war der berühmte Friedrich der Große! 1731, also mit 22 Jahren, haben Sie den Markgrafen Friedrich von Bayreuth geheiratet.«

»*Ja, aberr… warum? Da 'ätte isch mir doch einen schicken Berliner Jung' aussuchen können.*«

»Meine Liebe« – ich habe ihren Ton schon voll drauf – »ich fürchte, da hatten Sie kein großes Mitspracherecht. Aber Ihre Ehe war, soweit es bekannt ist, obwohl arrangiert, gar nicht so unglücklich, zumindest anfangs. Sie hatten beide ähnliche Interessen, zum Beispiel die Musik und die Kunst, und ihr Mann unterstützte Sie in den zahlreichen Bauvorhaben, mit denen Sie sich hier verewigt haben. Später hatte Ihr Gatte dann allerdings doch die eine oder andere Mätresse.«

»*Oui? So ein Schuft! Und wie ging es weiter, was 'abe isch denn 'ier gemacht, den gonzen lieben langen Tag in diese Einöd?*«

»Ja, also, sie waren sehr belesen…«

»*Was 'eißt 'ier ›war‹? Isch bin das immer noch…*«

»Na ja, jedenfalls haben Sie viel gelesen, sich mit vielen Wissenschaften auseinandergesetzt und auch philosophisch waren Sie bewandert, das geht aus Ihrem Briefwechsel mit Voltaire hervor, zu dem Sie eine enge Freundschaft pflegten und mit dem Sie sich, genau wie ihr Bruder Friedrich, viele Briefe über philosophische Themen schrieben.«

»*Na, das weiß isch, mit Volti treffe isch misch ja heute noch regelmäßig auf Wolke 16b17xe45.*«

»16b17xe45? Was ist das denn?«

»*Ja, wussten Sie nischt, es gibt so viele Wolken in die 'immel, da 'at ein gewisser 'err Gropius angefangen, sie zu nummerieren. Außerdem sind alle Wolken seit ein paar Jahren nur noch eckisch und symmetrisch und ganz ohne Schnörkel? Er nennt das Bauwolke. Isch finde das furschtbar. Volti findet das toll, er hat sisch gleisch eine solsche Wolkenanlage gekauft…*«

»Gekauft? Ich dachte im Himmel…«

»Sind alle gleisch und ohne Geld? Ja, das war am Anfang mal so, aber mittlerweile… der Kapitalismus. Na ja, vergessen Sie's… Ah, mon dieu, was ist das denn für ein schönes Schlösschen da vorne? Det jefällt ma!«

In ihrer Aufregung vergisst Wilhelmine ihren französischen Akzent und wechselt ins Berlinerische. Wir sind mittlerweile am Sternplatz angekommen und steuern auf einen prächtigen Rokokobau zu.

»Das ist eine Ihrer Haupthinterlassenschaften in Bayreuth, das Markgräfliche Opernhaus.«

»Das ist 'übsch. Was 'abe isch für eine gute Geschmack!«

»Es zählt heute zu den besterhaltenen Opernhäusern seiner Art in Europa. Sie haben es anlässlich der Hochzeit Ihrer Tochter Elisabeth Friederike Sophie zwischen 1774 und 1778 bauen lassen. Innen ist noch die komplette Holzverkleidung erhalten, da nach Ihrem Tod zunächst keine Aufführungen mehr stattfanden. Sie haben auch selbst viele Opern und Singspiele komponiert, die dann hier aufgeführt wurden. Nach Ihrem Tod war damit erst mal Schluss, deshalb ist der holzverkleidete Innenraum wahrscheinlich auch nie ausgebrannt, weil von da an keine Kerzen und Lichter mehr dort angezündet wurden. Das war zu Ihrer Zeit ja üblich, weshalb solche Häuser schnell mal abgefackelt sind. Mit dem Opernhaus haben Sie einen ganz eigenen Baustil kreiert, den man heute als Bayreuther Rokoko bezeichnet. Übrigens war das Markgräfliche Opernhaus auch der Anlass für

Richard Wagner, nach Bayreuth zu kommen. Der war so beeindruckt von dem Bau, dass er seine Festspiele hierher verlegen wollte. Das war ihm dann allerdings doch zu klein, und er hat sich am Grünen Hügel eine eigene Hütte nach seinen Vorstellungen gebaut.«

»*Rischard wer?*«

»Ach so, das war nach Ihrer Zeit, das können Sie ja nicht wissen, pardon.«

»*Ach, isch weiß, so eine kleine Kerl mit Mütze und große Nase. Der will immer sehr deutsch sein, über'aupt sollen alle so schrecklisch deutsch sein, auch die Kunst, und der sucht immer irgendeine Gral, oder? Oh du liebe Zeit, der 'at misch eine Weile gestalked, ist immer vor meine Wolke rumgeschlischen und 'at mir Wumen vor die Tür gelegt.*«

»Wumen?«

»*Na ja, im 'immel, Sie können sisch das denken, da gibt es keine Blumen, aber irgendwer kam auf die Idee, aus Wolkenmasse Blumen nachzuformen. Neben meiner Wolke ist jetzt so ein Geschäft, Wume 2000 'eißen die, da kann man diesen Blumenersatz kaufen.*«

»Das ist ja *strange* bei Ihnen im Himmel. Jedenfalls haben Sie noch mehr gebaut, unter anderem eine Parkanlage am Rande der Stadt. Und die Eremitage, die haben Sie zwar nicht gebaut, aber beträchtlich erweitert. Zeige ich Ihnen, wenn Sie wollen.«

»*Ah oui, bitte, das möschte isch se'en. Langsam erinnere isch misch wieder. Von Berlin nach Bayreuth, das war terrible. Isch sollte ja eigentlisch anderweitisch ver'eiratet werden, und dann? 'ierher. So ein gesellschaftlischer Abstieg, quelle horreur für eine feine Dame wie misch. Aber isch 'abe es mir 'ier schön gemacht, n'est-ce pas? An meine 'of wurde nur Französisch gesprochen und meine Untertanen mussten misch mit ›königlische 'o'eit‹ anspreschen. Lustisch, nischt?«*

»So wie Sie es aussprechen schon. Und es ist auch in Ihren Memoiren überliefert…«

»Meinen Memoiren? Mon dieu? 'aben Sie die etwa gelesen? Wo'er 'aben Sie die? Isch 'abe doch verfügt, dass niemand diese…«

»Tut mir leid, königliche Hoheit, aber die wurden ziemlich fix nach Ihrem Tod veröffentlicht, auch wenn Sie das nicht wollten. Jedenfalls ist bekannt, dass Sie sehr gelitten haben, von Berlin in die Bayreuther Provinz geschickt worden zu sein. Da haben Sie mit Ihrer Bauwut einiges kompensiert, was? So, jetzt aber weiter, ich zeige Ihnen noch eines der Ergebnisse.«

Da es ein Traum ist, sparen wir uns den Stadtbus und finden uns plötzlich in der Eremitage wieder. Wir stehen vor dem alten Gebäude, einem kleinen barocken Sandsteinschlösschen inmitten eines wunderschönen Landschaftsgartens am Rande der Stadt. Die grob behauenen Steine der Fassade erinnern an eine Felsengrotte oder eine Einsiedlerhöhle. Wilhelmines Schwiegervater, der einem Einsiedlerorden vorstand, lebte in seiner freien Zeit mit seiner Frau das einfache Leben eines Einsiedlermönches. Statt höfischem Pomp suchte man in den umliegenden Wäldern die Ruhe der Natur.

Abends traf man sich, um einfachste Speisen von einfachem Geschirr zu sich zu nehmen. Höfisches Geprotze lag den Bayreuther Markgrafen eher fern. Für Wilhelmine, die dem pompösen Leben des Berliner Hofes hinterhertrauerte, war diese Einfachheit natürlich so gar kein Lebensentwurf.

»Ihr Mann schenkte Ihnen diese Anlage nach dem Tod seiner Eltern.«

»*Das ist eine gute Rezept für eine lange E'e, nischt? Zusammen essen und sich ansonsten ein bisschen aus die Wege gehen, n'est-ce pas?*«

»Als Sie die Anlage geschenkt bekommen haben, hat sie Ihnen aber nicht sonderlich gefallen. Sie fanden sie zu klein und nicht mehr zeitgemäß. Und mit dem Eremitenleben konnten Sie schon mal gar nichts anfangen. Sie haben das Schloss um zwei Flügel erweitert und die Räume teilweise neu ausstatten lassen, unter anderem mit einem Musikzimmer und einem chinesischen Spiegelkabinett. Ein Zimmer haben sie ganz im japanischen Stil einrichten lassen, das war ja damals gerade total en vogue. Nur Sushi gab's, glaub ich, noch nicht zu Ihrer Zeit.«

»*Das klingt aber auch tatsäschlich viel schöner, kann man das noch se'en?*«

»Mittlerweile wieder, leider wurde das Schloss im Zweiten Weltkrieg stark beschädigt. Beim Wiederaufbau hat man sich in erster Linie auf den Außenbau beschränkt und die Innenräume zunächst weitgehend leer gelassen.«

Die Markgräfin schlägt die Hände vors Gesicht und simuliert einen kurz bevorstehenden Ohnmachtsanfall. Da ich im Erste-Hilfe-Kurs gepennt habe und nicht wüsste, was man mit einem Ohnmachtspatienten macht, egal ob echt oder simuliert, versuche ich, die Markgräfin abzulenken, und ziehe sie ein Stück weiter. Vom Schloss gehen wir ein Hügelchen hinunter und stehen kurz darauf vor einer ausladenden Brunnenanlage mit wilden Skulpturen unterhalb eines weiteren Schlosses mit zwei breiten Rundflügeln.

»Das haben Sie hier übrigens auch hinsetzen lassen.«

Auf dem Mittelbau des Schlosses fährt ein goldener Apoll in einer Quadriga, weshalb der Komplex auch Sonnentempel genannt wird. Eine Besonderheit des Sonnentempels: Seine Fassade ist nicht glatt oder bemalt, stattdessen sind Außenwände und Säulen mit Hunderten von kleinen blauen und grünen Steinen überzogen – bei Sonnenlicht ein wunderschönes glitzerndes Farbenspiel.

Wilhelmine ist fasziniert. Ganz still steht sie da, sogar die Hand, die den Fächer hält, verharrt.

»Sie haben damals Ihrem Bruder ein paar junge Männer aus Bayreuth für seinen Soldatentrupp zur Verfügung gestellt, dafür hat er Ihnen finanziell unter die Arme gegriffen, sodass Sie das hier bauen konnten. Denn die Stadtkasse war dank Ihrer Bauwut die meiste Zeit ziemlich leer.«

»O'a, das 'aben nischt alle gemocht, was?«

»Ähm … nein. Ein großer Teil der Bayreuther Bevölkerung fand das nicht gerade prickelnd, um es mal so zu sagen. Heute ist man Ihnen natürlich sehr dankbar. Ständig gibt es irgendwelche Veranstaltungen und Ausstellungen. Und sogar ein Gymnasium ist nach Ihnen benannt.«

»Das ist aber auch das Mindeste, n'est-ce pas? Aber das ist nischt, wo isch die meiste Zeit gewohnt 'abe, oder?«

Ich beame uns wieder in die Stadt, in die Ludwigstraße, hier steht das Neue Schloss, 1753 gebaut, nachdem das sogenannte Alte Schloss, das vorher an dieser Stelle gestanden hatte, fast gänzlich abgebrannt war.

»Sie haben übrigens mal gesagt, dass dieses Schloss ganz nach Ihren Plänen entstanden sei.«

»Ah oui, isch 'abe 'ier viel mitentworfen, aber es ist auch 'übsch, was? Kommen Sie, isch will Sie fürstlich für Ihre Mü'en entlohnen. Wollen wir eintreten?«

Ich will gerade mit »*Oui, bien sûr*« antworten und sehe mich schon in fürstliche Gewänder gekleidet den Hofgarten durchschreiten, da schreit eine Frau in solider Outdoorbekleidung und Fotomontur, die sie auf die Fassade des Sandsteinschlosses gerichtet hat, plötzlich laut auf: »Das is doch … Nee! Das is doch … Die Wilhelmine is das doch!«

Wilhelmine ist irritiert, bewahrt aber die Contenance. »Ein Foto! Ich brauche ein Foto, darf ich, ja?«

Wilhelmine blickt mich nervös an: *»Pardon, was ist … eine Foto?«*

Ich bin leicht überfordert angesichts der Dame, die mit ihrem Fotoapparat vor meiner Nase herumwedelt. Schon habe ich den Apparat in der Hand, die Frau hat sich neben Wilhelmine aufgebaut und grinst breit in die Kamera. In diesem Moment strömen von überallher Menschen über den Platz – auf uns zu. Fotoapparate und iPhones werden geschwenkt, es wird gefilmt und geknipst, was das Zeug hält, Wilhelmine ist sprachlos angesichts der vielen schwarzen, silbernen und weißen Kästchen, die ihr vors Gesicht gehalten werden. Ich versuche zu ihr durchzudringen, aber es gibt kein Durchkommen, Wilhelmine ist vom Fotomob eingeschlossen. Ich beginne mit dem Fotoapparat der Outdoordame wild um mich zu schlagen, um Wilhelmine zu befreien, doch auch das zeigt keine Wirkung, stattdessen versinke ich in der Meute der Schaulustigen.

In diesem Moment wird alles zuerst etwas neblig und unscharf, dann hell.

Ich öffne die Augen und finde mich in meinem Bett wieder. Keine Wilhelmine, kein neues Schloss, keine Fotografen.

Was für ein Traum, denke ich mir und klopfe mir selbst auf die Schulter, weil ich so viel wusste. Da spüre ich etwas Hartes unter meinem Kopfkissen. Es ist ein kleiner japanischer Fächer. Wie kommt denn der dahin? Auf der Rückseite steht in schnörkeliger Barockhandschrift: »*Merci beaucoup.*« Ich will gerade denken: *Incroyable, n'est-ce pas?*, als es plötzlich noch einmal neblig, un-

scharf und dann hell wird und ich in meiner Hand ein
benutztes Taschentuch anstelle des Fächers finde.

Star-Check:
Wilhelmine von Preußen

Geburtstag	3. Juli 1709 (Potsdam)
Todestag	14. Oktober 1758 (Bayreuth)
Eltern	Friedrich Wilhelm I. und Sophie Dorothea von Hannover
Bruder	Friedrich II. (Friedrich der Große bzw. der »Alte Fritz«)
Ehemann	Friedrich von Brandenburg-Bayreuth
Tochter	Elisabeth Friederike Sophie von Brandenburg-Bayreuth
Guter Kumpel	Voltaire
Lieblingssprache	Französisch
Lieblingsorte	Markgräfliches Opernhaus, Eremitage, Berlin
Hobbys	Musik, Opern schreiben, Literatur, Memoiren schreiben, Architektur, Gebäude entwerfen

Wo wir
entlanggelaufen sind

Markgräfliches Opernhaus

Opernstraße 14

Eremitage

Eremitage 1

Neues Schloss

Ludwigstraße 21

Reden ist Silber, Schweigen ist fränkisch

Das ist der Wahnsinn. Du merkst plötzlich, wie viele weitere Möglichkeiten es gibt, mit Menschen in Kontakt zu treten, als nur über das Sprechen, es gibt so viele intensivere und subtilere Wege des Kommunizierens. Und wenn du erst mal so weit bist, kommen dir Worte total sinnlos vor, auch jetzt, wo das alles einfach so aus mir herausplätschert!«

»Dann lass es doch einfach«, will ich entgegnen, halte mich aber zurück, weil ich nicht weiß, wie mein möglicherweise unkontrolliert wirkendes Geplätscher bei Sabine ankäme.

Meine Freundin Sabine aus Köln bereichert ihr Leben regelmäßig durch spirituelle Selbstfindungstrips und meines durch ihre Besuche. Gerade ist sie von einer mehrwöchigen Thailandreise inklusive zweiwöchigem Schweigeseminar in einem Kloster in den Bergen zurückgekommen. Das Ziel: durch Schweigen und andere mentale Turnübungen zur inneren Einkehr, zu Ruhe und schließlich wieder zu sich selbst zu finden. 14 Tage und Nächte haben die Teilnehmer überhaupt nicht gesprochen und sich stattdessen mit Blicken, Gesten oder anderweitig unterschwellig verständigt. Sabine ist spirituell noch ganz aufgekratzt.

Meine Erfahrung mit Menschen, die von Selbstfindungstrips zurückkommen, bei denen sie gelernt haben, sich von den Erwartungen und dem Interesse ihrer Umwelt frei zu machen, ist, dass eben solche Menschen immer sehr gereizt reagieren, wenn sich genau diese Umwelt anschließend doch nicht so brennend für die Ergebnisse ebenjener Selbsterfahrung interessiert. Also höre ich mir ihren Reisebericht vorsichtshalber mit deutlich sichtbarem Interesse an.

Sabine: »Also, die ersten drei Tage waren absolut hart, der Oberhammer, da hab ich echt gedacht, ich pack das nicht. Ich meine, stell dir vor, du darfst echt gar nix sagen und plötzlich fallen dir 10.000 Sachen ein, die du gerne erzählen willst. Die nächsten drei Tage habe ich dann gemerkt, wie sehr es mir fehlt, dass andere mit mir sprechen. Das ist eben auch hart, wenn du nicht nur selbst nichts sagen darfst, das fehlt dir dann total, dass jemand mit dir spricht. Aber am siebten Tag – krass, oder? Ausgerechnet am siebten ...«

Ich verkneife mir die Bemerkung, dass das mit den sieben Tage nicht Buddha, sondern sein abendländischer Kollege war, und nippe an meinem Tee.

»Also, am siebten Tag ist dann plötzlich irgendwas passiert, da ist eine Art mentale Blase geplatzt, irgendeine Schleuse im Gehirn hat sich – bamm! – geöffnet. Und dann hat sich mir eine völlig neue Bewusstseinsebene aufgetan. Doch, echt! Plötzlich war ich total frei von dem Ganzen, ich hab gemerkt, wie ich das alles gar nicht mehr brauche, das ganze Gerede. Wie banal die meisten Gespräche sind, die man so führt. Das war echt eine ganz tiefe Erfahrung und hat umgerechnet gerade mal zweihundert Euro gekostet, inklusive Verpflegung, das ist ja auch super an Thailand, dass da alles so billig ist, auch sonst das Essen und Trinken, die ganze Reise hat mich gerade mal 800 Euro gekostet, das kriegst du in Europa so halt nicht.«

Ich lausche Sabines spirituell-ökonomischen Ausschweifungen und hoffe, dass ich durch mein beharrliches Schweigen nicht plötzlich selbst auf die nächste Bewusstseinsebene gelange, schließlich habe ich mir gerade ein Bier bestellt und würde das gerne noch auf dieser Ebene trinken. Übrigens weiß ich auch so schon einiges übers Schweigen, denn das gehört in Franken ja zu den elementaren Kulturpraktiken. Der gemeine Franke könnte ohne sein Wissen eines der spirituell am weitesten entwickelten Wesen seit der Erfindung des Karmas sein. Es ist nicht nur so, dass der Franke ungern viel redet, man pflegt die Nichtkommunikation sogar mit einem gewissen lokalpatriotischen Stolz.

Mein alter Schulfreund Micha ist so ein Exemplar, das die buddhistische Lehre komplett verinnerlicht zu haben scheint, ohne es zu wissen. Treffen mit Micha sind für mich immer etwas anstrengend, zum Fußballschauen oder Playstationspielen wird er wegen seiner ruhigen und kommunikativ unaufdringlichen Art aber immer gerne eingeladen.

Ich frage mich, ob mein Langzeitsinglefreund Micha nicht der ideale Partner für meine Langzeitsinglefreundin Sabine wäre, die immer noch ganz begeistert und ohne Punkt und Komma von ihrem Schweigemarathon erzählt. Ich beschließe, ihn für den Abend einzuladen, und ein paar Stunden später sitzen wir in einer Bamberger Kneipe. Sabine ist mittlerweile doch auf die fränkische Variante des Yogi-Tees, Bier, umgestiegen, als Micha den Raum betritt und sich schweigend zu uns an den Tisch setzt.

»Mensch Micha, lange nicht mehr gesehen! Wie geht's denn so?«, begrüße ich ihn voller Vorfreude auf all das, was heute Abend noch geschehen mag.

Micha: »*Bassd scho.*«

Ich: »Ja? Toll! Im Job alles in Ordnung? Den Eltern geht's gut? Was macht der Fußball?«

Micha: »*Na ja.*« Es folgen zehn Sekunden Pause und dann ein punktgenau gesetztes: »*Scho.*«

Spätestens hier müsste Sabine doch total aus dem Häuschen sein angesichts der geballten buddhistischen

Gelassenheit und des demonstrativen Schweigens. Doch als Micha zur Theke geht, um sich ein Bier zu holen, schaut sie mich nur fragend an: »Was ist das denn für ein Typ?« Schweigen ist offenbar doch nicht immer gleich Schweigen.

An der Bar bekommt Micha dann doch den Mund auf und sagt mit Nachdruck: »*A U.*«

Sabine schüttelt den Kopf: »Was ist das denn für ein Typ?«

U

Michas Lieblingsbier ist das Ungespundete. Das ungespundete Bier hat im Vergleich zu anderen Bieren weniger Kohlensäure, da die Öffnung des Fasses, in dem das Bier während der Gärung lagert, nicht ganz verschlossen wird. Stattdessen kann die entstehende Kohlensäure durch das sogenannte Spundloch entweichen. Der Begriff »Spund« bezieht sich auf den Tannenzapfen, der die Öffnung des Fasses normalerweise verschließt. Eines der bekanntesten ungespundeten Biere ist das der Bamberger Brauerei Mahr, im Volksmund kurz »U« genannt.

Die Bezeichnung »U« kommt dem fränkischen Sprachverhalten sehr entgegen, kann man es doch mit nur zwei schlichten Vokalen bestellen: »*A U*«, oder, in der nicht unbedingt notwendigen Höflichkeitsform: »*A U bidde.*« Bestellt der Nebenmann ebenfalls ein U, kann dieser wiederum bei seiner Bestellung sagen: *»Für miech aa a U.«* Oder eben: *»Für miech aa a U bidde.«*

Micha setzt sich mit seinem U wieder zu uns und ich überlege, wie ich das Gespräch in Gang bringen könnte, immer noch in der Hoffnung, Sabine könnte in Micha doch noch ihren Seelenverwandten entdecken. Aber er nimmt mir die Arbeit ab.

Micha: *»Und selbst?«*

Da sprudelt Sabine wieder los, Thailand, das Schweigen, die Erfahrung, die internationale Gemeinschaft, das Flair.

Nach gefühlten drei Stunden hat Sabine fertig erzählt und sieht uns erwartungsvoll an.

Micha: *»Na, is doch schee.«*

Die folgenden zehn Sekunden herrscht eine Stille an unserem Tisch, wie sie kein Schweigekloster der Welt besser herstellen könnte. Man könnte sie schneiden, in Tütchen packen und portionsweise auf eBay versteigern, so greifbar ist sie.

Sabine: *»Was meinst du mit ›schön‹?«*

Micha: *»Na ja, is doch schee, wenn's da gfalln hod.«*

Sabine: *»›Gefallen‹? Was meinst du mit ›gefallen‹?«*

Micha: *»Na, wenn's hoald schee woa.«*

Sabine: *»Aber wieso denn ›schön‹? Das war eine ganz grundsätzliche Erfahrung! Das war auch Arbeit, das war ja jetzt nicht nur Urlaub mit Entspannen und so, das war ja auch anstrengend, das war ja ein Prozess. Da ist man ja auch ganz schön k. o. danach. Das ist ja jetzt nicht nur am Strand liegen und so.«

Micha: »*Na ja. Scho. Aber ich soch immer: Für Arbeid griechd ma Geld, für Urlaub zohld ma Geld, ganz einfoch.*«

Sabine sagt nichts mehr angesichts so viel westlicher Pragmatik.

Plötzlich kommt Leben in Micha: »*Ich mein, für miech wär's hoald nix, des Schweigen.*«

Ich kichere und Micha bestellt sich nonverbal ein zweites U. Während er es von der Theke abholt, faucht Sabine, die gestern noch behauptet hat, alle Menschen in ihrer Eigenart zu akzeptieren und auch das scheinbar unakzeptable Gegenüber als Geschenk, Spiegel und Aufgabe zu betrachten, mich an: »Was ist denn das für ein Depp?!«

Vielleicht wird es mit Sabine und Micha doch nichts mehr, auf keiner Ebene. Ich überlege, die Wogen zu glätten, indem ich ein anderes Thema anschneide. Aber mir fällt kein anderes Thema ein, und deshalb bringe ich erst einmal mein Bier weg. Vielleicht hilft ja das Studium der Schmierereien auf der Kneipentoilette. Außer dem Klassiker steht dort jedoch nichts, und auch der bringt mich nicht weiter: »Sascha, ich liebe dich.«

(Ich frage mich ja immer, welchen Nutzen ein solches Liebesgeständnis in der Damentoilette haben soll. Die Wahrscheinlichkeit, dass Sascha im Laufe des Abends die Damentoilette betritt und diese ja offenbar an ihn gerichtete Nachricht liest, ist schon recht gering. Außerdem befinden sich solche Nachrichten in der Regel in Augenhöhe einer im Sitzen pinkelnden Frau. Sollte betreffender Sascha entgegen allen Regeln doch die Damentoilette benutzen, weil er in seinem Suff nicht mehr zwischen »D« und »H« unterscheiden kann, wird er sich zum Pinkeln höchstwahrscheinlich nicht hinsetzen. So ein Spruch müsste also an die Rückwand der Toilette, etwa 80 Zentimeter über dem Spülkasten und damit in Augenhöhe eines im Stehen pinkelnden, etwa 1,80 Meter großen Mannes platziert werden. Davon abgesehen hätte ein Sascha, der schon so betrunken ist, dass er »D« und »H« nicht mehr unterscheiden kann, wohl eh seine Probleme, die an ihn gerichtete Nachricht zu begreifen. Es macht also wirklich keinen Sinn, solche Sprüche zu hinterlassen. Das aber nur am Rande und als gut gemeinter Tipp an alle urinierenden Damen, die solche Sprüche verfassen.)

Als ich wiederkomme, stelle ich fest, dass meine Gesellschaft die kommenden 30 bis 40 Minuten, vielleicht aber auch den gesamten restlichen Abend überflüssig sein wird. Sabine und Micha sind wild am Knutschen. Immerhin eine Ebene, die funktioniert, in Thailand wie in Franken.

Zehn Gründe,
einen Franken zu lieben

1. Designerfummel und High Heels kann man getrost im Schrank lassen. Zum Date mit einem Franken reicht lockere Freizeitkleidung und festes Schuhwerk, schließlich will Frau nach vier Bier ja auch noch nach Hause laufen können – zu ihm natürlich.

2. Für die moderne Businessfrau ist eine Beziehung zu einem Franken wie ein kostenloses Entschleunigungsseminar. Beim Begriff »Burn-out« denkt der Franke an Probleme beim Grillanzünden.

3. Der Franke liebt nicht überschwänglich, dafür aber zäh und ausdauernd. Mit dem üblichen Beziehungs-Auf-und-Ab kommt er bestens zurecht, das beweist die Existenz des 1. FC Nürnberg.

4. Egal, wer einem da beim Date gegenübersitzt: Es gibt auf jeden Fall ein gutes Bier oder einen guten Wein.

5. Ein Franke ist selten untreu. Komplizierte Beziehungskisten sind ihm einfach zu anstrengend und zeitaufwendig. Zumindest am Samstag, denn da spielt der *Glubb*.

6. Frau weiß, wie sie so ziemlich jeden Streit im Handumdrehen aus der Welt schaffen kann: mit einer fränkischen Brotzeit auf einem Keller seiner Wahl.

7. Der Franke ist nicht kompliziert. »Ich liebe dich« gibt es im fränkischen Wortschatz zwar nicht, aber wenn

der Franke nichts sagt, kann Frau davon ausgehen, dass alles in Ordnung ist.

8. Unter Eisenmangel leidet man in einer Beziehung mit einem Franken selten. Den empfohlenen Tagesbedarf hat der Franke schon beim Weißwurstfrühstück mit Bratwurstbeilage und dem Rest vom Vorabend-*Schäufele* abgedeckt.

9. In einer Beziehung mit einem Franken muss man weder Segeln noch Skifahren lernen, wir sind ja nicht in Hamburg oder München.

10. Ein Franke braucht keine zehn Gründe, um Sie zu lieben.

Bier –
eine Liebesgeschichte

Es ist August, Hochsommer, 28 Grad im Schatten, Ferienzeit. Meine Freundin Svenja sitzt weinend auf meiner Couch. Ich reiche ihr das ungefähr elfte Taschentuch: »Es hätte alles so schön werden können, ich hatte alles so gut geplant … Die Ferienwohnung, ein Schnäppchen, direkt am Wasser gelegen, mit Blick auf den Gardasee, der Wetterbericht hat eine Woche lang Sonne vorausgesagt und die Nachbarin hätte sich um die Katze gekümmert … und endlich mal Zeit nur für uns beide! Keine nervigen Kollegen und ausnahmsweise auch mal keine Fußballfreunde! Einfach nur wir, Italien, der See. Perfekt! Zehn Tage Gardasee! Spazierengehen, Krimis lesen, Scrabble spielen und frische Pasta essen, ich meine, gibt's was Schöneres? Ich hab mich so gefreut! Alles lief so gut. Wir waren gerade dabei, die Sachen ins Auto zu packen und eigentlich schon startklar... und jetzt ist alles aus. Kein Gardasee. Kein Urlaub. Kein Frank. Ich will ihn nie mehr wiedersehen!«

»Svenja, was ist denn passiert?«

»So ein Egoist! So ein Prolet! Soll er doch zu Hause bleiben!«

Svenja ist vor zwei Jahren von Hamburg nach Erlangen gezogen, um dort eine Stelle bei Siemens anzutreten. Schon nach einigen Wochen hat sie auf einer Betriebsfeier in der Fränkischen Schweiz ihren jetzigen Noch-Freund Frank, seines Zeichens gebürtiger Erlanger und ebenfalls »Siemensianer«, kennengelernt.

Bislang funktionierte das hanseatisch-fränkische Liebesglück recht problemlos. Kulturelle und vor allem dialektale Unterschiede ließen sich schnell überwinden, nachdem beide festgestellt hatten, dass es grundsätzlich nicht immer nötig ist, alles zu verstehen, was der andere sagt.

Svenja gewöhnte sich schnell an den beträchtlichen Anstieg ihres persönlichen Fleischkonsums, dessen Auswirkungen auf ihre von Natur aus große, schlanke und damit sehr hanseatische Figur sie seit einiger Zeit mit ein paar Extrastunden im Fitnessstudio entgegenwirkt. Auch vom fränkischen Bier verträgt sie mittlerweile schon drei *Seidla* statt nur einer halben und wusste bereits nach kurzer Zeit ein Helles vom Dunklen zu unterscheiden. Wir alle waren stolz, Frank erleichtert und

Svenja schien gerüstet für ein Leben an der Seite dieses doch sehr fränkischen Mannes. Für diesen Sommer hatten sie den ersten gemeinsamen Urlaub geplant – ein besonders wichtiger Schritt in einer Beziehung, wie empirische Studien ergeben haben.

Svenja schnäuzt sich gut hörbar ins Taschentuch: »Ich hatte alles gepackt, das Auto war voll, alles fertig zur Abreise. Da kommt Frank… Und was hat er in der Hand? Einen Kasten Bier! Huppendorfer! Ich sag noch im Scherz: ›Den willst du jetzt aber nicht mitnehmen‹, und er meint: ›Ähm… doch.‹ Ich sage zu ihm: ›Das ist doch bescheuert! Ich fahre doch nicht einen Kasten Bier über den Brenner zum Gardasee!‹ Ich meine, das ist doch totale Benzinverschwendung! Außerdem war der Kofferraum schon voll und, und, und…«

Svenja verlangt nach dem zwölften Taschentuch.

»Ich meine, Italien… Als ob's da nichts zu trinken gäbe! Da brauch ich doch kein fränkisches Bier! Da gibt's Pinot Grigio! Außerdem passt Bier überhaupt nicht zu Caprese! Ich hab mich natürlich geweigert, den Kasten einzuladen, außerdem hätte ich auf meine Schuhe verzichten müssen, die wollte er nämlich im Gegenzug wieder ausladen… Aber dann wollte er nicht auf sein Bier verzichten, und jetzt ist er weg!«

Ich rücke ein Stück von Svenja ab, die ich bislang noch mitfühlend im Arm gehalten habe. Wie es aussieht, handelt es sich hier um ein grundlegendes kulturelles Missverständnis, einen *cultural gap*, den zu erklären und vielleicht zu überbrücken ich mir an dieser Stelle zur Aufgabe mache. Svenja, das Nordlicht, kann das nicht wissen. Ich versuche es behutsam.

»Svenja…«

»Hm?«

»Seit wann kennst du Frank?«

»Seit zwei Jahren.«

»Und liebst du ihn?«

»Ich… ich weiß nicht. Schon, dachte ich bisher.«

»Und was liebst du denn an ihm?«

»Ich weiß grad wirklich nicht… Na ja, seine ganze Art, seinen Humor, seine innere Ruhe, seine Bedächtigkeit, auch ein bisschen seinen Dialekt, das mit dem gerollten ›r‹. Und dass er ›t‹ und ›d‹ nicht unterscheiden kann, das finde ich auch süß.«

»Also magst du es, dass er Franke ist?«

»Ja, schon. Frank der Franke – lustig, oder?«

»Jaja. Aber: Als Franke liebt Frank nun mal sein Bier.«

»Aber mich soll er lieben, nicht sein doofes Bier. Kann doch nicht sein, dass ihm so ein Kasten Bier wichtiger ist als ich.«

»Nein, Svenja, ich wette, dass ihm kein Kasten Bier wichtiger ist als du.« Ich versuche, das im Brustton der Überzeugung zu sagen, auch wenn ich Frank so gut nun auch wieder nicht kenne.

»Aber er hat gesagt: ›Kein Huppendorfer, kein Gardasee!‹ So hat er das gesagt. Du hättest ihn hören sollen, in einem Ton hat er das gesagt, ich hab ihn gar nicht wiedererkannt. Er war gar nicht davon abzubringen.«

»Svenjalein, du weißt, ich mag dich, aber... das ist eben einfach so. Und du solltest das auch nicht in Frage stellen, wenn du Frank liebst und ihn behalten willst. Ich bin mir sicher, dass Frank dich liebt. Aber er ist eben Franke. Und als solcher braucht er sein Bier. Oder das Gefühl, ein Bier in der Nähe zu haben. Und zwar ein fränkisches. Auch am Gardasee, dafür karrt ein Franke sein Bier auch über den Brenner, das sollte dir so langsam aber auch mal klar sein.«

Ich sehe, dass bei Svenja ein zögerlicher Verstehensprozess einsetzt.

»Und was machen wir jetzt?«, fragt sie.

»Wir suchen Frank.«

»Wieso suchen?«

»Na ja, du hast doch gesagt, er ist weg.«

»Ach so. Mit weg meinte ich, er sitzt im Garten hinterm Haus.«

»Dann gehen wir in den Garten. Und dann sagst du ihm, er soll den blöden Kasten gefälligst ins Auto stellen, damit ihr losfahren könnt.«

Und tatsächlich liegt Frank im Garten, der zu Svenjas und Franks kleinem Reihenhaus gehört, unter einem Kirschbaum. Neben sich die Ursache der Beziehungskrise, den Kasten Huppendorfer. Eine bereits geleerte Flasche Bier hält er liebevoll-trotzig wie einen Teddybären im Arm, eine zweite, noch halbvolle Flasche balanciert er nicht ohne ein gewisses Geschick auf seinem Bauchansatz. Svenja geht auf ihn zu, Frank wendet den Kopf in die andere Richtung und beginnt, die Flasche, die er im Arm hält, hingebungsvoll zu streicheln.

»Frank«, sagt Svenja.

Frank streichelt weiter seine Bierflasche.

»Bärchen, komm schon. Wenn dir das so wichtig ist, dann packen wir den Kasten ein.«

»Wirklich?«, fragt Frank.

»Ja. Das war gemein von mir. Ein Kasten Huppendorfer gehört doch zu jedem anständigen Gardaseeurlaub dazu.« Svenja gibt ihrer Stimme einen festen Klang.

Frank blickt skeptisch. Er scheint dem neuen Frieden noch nicht ganz zu trauen und blickt ein paar Mal von Svenja zur Bierflasche und zurück. Svenja legt sich neben Frank ins Gras. Behutsam nimmt sie ihm die Flasche aus dem Arm.

… und jedem seine Bauerei

Wenn die Franken auf eines stolz sind, dann auf den Aufstieg der Fürther in die erste Liga und: auf die Brauereidichte! Franken und Bier, das ist eine Liebesgeschichte.

Jedes fränkische Kloster hatte einst seine eigene Brauerei und einige dieser Klosterbrauereien haben sich bis heute gehalten. Daneben prägen viele kleine Haus- und Familienbrauereien seit Jahrhunderten die fränkische Biertradition. Um fränkisches Bier zu entdecken, reicht es also bei Weitem nicht, in den nächsten Getränkemarkt zu fahren. Das fränkische Bier will erfahren, erradelt und erlaufen werden. Also: Rauf aufs Rad und rein in die fränkische Bierlandschaft!

Mit über 200 Brauereien hält der Bezirk Oberfranken die größte Brauereidichte der Welt. Auf jeden 5.000sten Einwohner kommt eine Brauerei. Im Jahr 2001 schaffte es die Gemeinde Aufseß mit ihren vier Brauereien sogar ins Guinnessbuch der Rekorde. Weltweit hat das Örtchen, gemessen an der Einwohnerzahl von knapp über 1.000, die größte Brauereidichte: Auf 350 Einwohnern kommt in Aufseß eine Brauerei. Dass sich die kleinen lokalen Brauereien im Zeitalter der Großkonzerne und der bösen, bösen Globalisierung überhaupt halten können, liegt nicht zuletzt daran, dass der Franke nicht nur stolz ist auf sein Bier, sondern es auch trinkt.

Dem Bier wird auch mit zahlreichen Festen gehuldigt. Ein paar ausgewählte Bierfeste und *Kerwas*: Ein schönes Pendant zur Münchner *Wiesn* ist die zwölftägige **Erlanger Bergkirchweih**. Alljährlich zu Pfingsten strömen Tausende trinkfreudige Erlanger, Franken und Japaner auf den *Berch*. Im Juni feiern die Hofer mit einem Festumzug und eigens dafür gebrautem »Schlappenbier« den **Schlappentag**. Im gleichen Monat feiern die Erlanger mit der **Bergkerwa** ihre fünfte Jahreszeit. Im Juli strömen die Franken zu Tausenden auf den Annaberg in Forchheim. »*Annafest, alla Dooch Annafest*« lautet das Motto der Veranstalter. Ende Juli feiert man unterhalb der Plassenburg die **Kulmbacher Bierwoche** und im August schieben sich die Bamberger zur **Sandkerwa** durch die Gassen der Bamberger Altstadt. *Gemöhr* nennen die Bamberger das jährliche Gedränge in den kleinen Gassen. Im September feiert die Kleeblattstadt Fürth die **Michaelis-Kirchweih**.

Aber wir wären nicht in Franken, wenn es neben diesen großen nicht auch unzählige kleine und nicht minder schöne Feste und *Kerwas* gäbe. So wie es eben nicht nur »die eine« Bratwurst, »den einen« Dialekt und »das eine« fränkische Bier gibt, gibt es auch nicht »das eine« Bierfest. Aber dieses fränkische Prinzip, lieber Leser, dürfte Ihnen mittlerweile ja schon bekannt sein.

Zwei Wochen später treffe ich Svenja wieder, sichtlich erholt und braun gebrannt. Der Urlaub scheint ein voller Erfolg gewesen zu sein, Svenja ist kaum zu bremsen: »Ich habe ihm dann vorgeschlagen, ein größeres Auto zu mieten, damit wir den Bierkasten UND meine Schuhe unterbringen können. Beim Autoverleih gab's aber nur noch einen Sprinter. Na ja, hilft ja nix, den haben wir dann genommen. Und dann hatten wir plötzlich noch jede Menge Stauraum übrig. Um das entstandene Vakuum zu füllen, hat Frank vorgeschlagen, noch ein paar weitere Kästen Bier mitzunehmen. Also haben wir neben dem

Huppendorfer noch je einen Kasten Lammsbräu, Sternla, Zwergla, Mahr – also: einen Kasten U und einen Mahr Hell, einen Kasten Maisel's-Weisse-Hefeweizen, einen Sonnenbräu, einen Krug-Bräu, einen Schlenkerla, Creussener Spezial, je einen Kasten Keesmann, Breitenlesauer, Kulmbacher und Göller, einen Kasten von der Brauerei Höhn, einen St. Georgen Bräu und einen Kathi Bräu eingepackt. Bis wir die ganzen Brauereien abgeklappert hatten, das hat schon ein paar Tage in Anspruch genommen. Und man muss das Bier ja auch mal probieren, bevor man gleich einen ganzen Kasten kauft, man muss ja testen, ob's schmeckt, gell? Und weil es sich dann… angeboten hat, haben wir meistens direkt auf dem Parkplatz vor der jeweiligen Brauerei übernachtet. Zumindest, wenn's da auch ein Weizen gab, dann konnten wir den Tag morgens mit einem Weißwurstfrühstück beginnen, da gehört ja auf jeden Fall ein gescheites Weizen dazu. Ach so, woher wir die Weißwürste hatten? Verpflegung war ja auch kein Problem. Wir hatten ja noch Platz im Sprinter. Und weil wir schon dabei waren, sind wir vor der Tour noch im Bamberger Schlachthof vorbeigefahren. Da gab's grad was im Angebot, also haben wir noch 20 Paar Bratwürste, zehn Paar Weißwürste, ein paar Dosen Göttinger und für abends ein paar Steaks mitgenommen. Passt ja auch besser zum Bier als Caprese. Am vierten Tag kamen dann noch ein paar Fußballfreunde von Frank dazu, die von unserem Ausflug gehört hatten und sich uns unbedingt anschließen wollten. Am Schluss waren wir dann in etwa 30 Mann. Und eine Frau, also ich. Das war natürlich auch praktisch, die haben dann noch zwei Sprinter gemietet, weil unserer dann doch etwas klein wurde. Außerdem gab's dann Rabatt, sowohl bei den Brauereien als auch im Schlachthof. Wir haben dann noch zwei Schweinehälften und ein Spanferkel geholt und erst mal einen ordentlichen Grillabend veranstaltet. War echt super.«

Handtaschen-Bierlexikon

Bockbier   Starkbier mit einem Stammwürzegehalt (der Anteil der nicht flüchtigen Stoffe aus Malz und Hopfen vor der Gärung) von über 16 Prozent und einem Alkoholgehalt von mehr als sechs Prozent. Bockbieranstiche finden traditionell in den Herbstmonaten, also zu Beginn der kalten Jahreszeit statt. Einige Brauereien brauen auch im Frühjahr einen Maibock. Ein Doppelbock hat mindestens 18 Prozent Stammwürze.

Helles   Ein untergäriges, leichtes Bier für jeden Tag.

Lager   heißen in Deutschland mittlerweile die meisten Biere mit einer Stammwürze von weniger als 12,5 Prozent. Der Begriff geht zurück auf Biere mit langer Lagerungszeit. Die fränkischen untergärigen Biere sind ebenfalls meist Lagerbiere.

Obergäriges Bier	wird aus Hefekulturen gebraut, die bei der Gärung oben, also auf dem Bier schwimmen. Ein typisches obergäriges Bier ist das Weizenbier.
Schnitt	Das letzte Bier des Abends, das vom Wirt so schnell eingeschenkt wird, dass es zur Hälfte aus Schaum besteht und auch weniger kostet als ein ganzes *Seidla*.
Rauchbier	Spezialität aus Bamberg, bei der das Bier während der Gärung im Fass geräuchert wird und so seinen Geschmack nach geräuchertem Schinken erhält.
Ungespundetes	Wenn das Spundloch im Bierfass offen bleibt und die Kohlensäure während des Gärungsprozesses entweichen kann, entsteht dieses kohlensäurearme Bier.
Untergäriges Bier	wird aus Hefekulturen gebraut, die sich während der Gärung am Boden absetzen. Dieses Bier braucht während der Gärung eine relativ niedrige Temperatur und ist dadurch auch länger haltbar. Fränkisches Bier ist überwiegend untergärig.
Zwickelbier	Ein ungespundetes und ungefiltertes, daher naturtrübes Bier ohne lange Lagerzeit.

»Und der Gardasee?«, frage ich.

»Ach, weißt du«, sagt Svenja, »das wäre doch sehr umständlich gewesen, das ganze Bier über den Brenner zu fahren. Und dann noch die Schweinehälften.«

Ich bin erstaunt.

»Ich meine, ob man sein Bier jetzt hier oder am Gardasee trinkt, das nimmt sich eigentlich nicht so viel, und die Fränkische Schweiz ist ja auch wunderschön! Und viel näher! Und wenn man's mal nachrechnet, ist uns das auch finanziell wesentlich günstiger gekommen als die ganze Fahrerei und die teure Ferienwohnung mit Seeblick. Und jetzt mal ehrlich und bei aller Liebe: Irgendwann hat man sich da ja auch nichts mehr zu sagen – und dann? Starrt man zwei Wochen auf den See, geht Fahrradfahren, spielt Scrabble, liest norwegische Krimis und trinkt lauwarmen Pinot Grigio, um die Stille zu überbrücken? Ich meine, Italien, das ist doch total überschätzt. Und der Gardasee ist eh nur noch eine einzige Pfütze aus Sonnencreme und Rentner-Urin, wenn man mal genau hinschaut. Und überhaupt: Wer fährt heutzutage noch an den Gardasee? Die Katze wäre nach einer Woche bei der Nachbarin eh nur wieder total verfettet von der ganzen Leberwurst, die sie da bekommt. Und dann noch die Tatsache, dass man in Restaurants die Grissini und das Besteck extra zahlen muss! Das ist doch mafiös! Nein danke, dann fahr ich doch lieber mit ein paar Kästen Bier, zwei eingelegten Schweinehälften und ein paar netten Freunden in die Fränkische. Ich meine … Hallo?!«

Ich traue meinen Ohren kaum. Wo ist meine hanseatische Freundin Svenja abgeblieben? Ich glaube sogar, eine leichte Beugung von »t« und »p« zu »d« und »b« hören zu können. Mit einem Zischen öffne ich das Huppendorfer, das Svenja mir in die Hand drückt. Verrückte Welt.

Weinfranken

Franken hat natürlich nicht nur eine Bier-, Franken hat auch eine lange Weintradition. Seit dem achten Jahrhundert wird vor allem in Unter- und Mittelfranken Wein angebaut, also der Region um Aschaffenburg, Würzburg und Schweinfurt. Die am häufigsten angebauten Rebsorten sind Müller-Thurgau, Silvaner, Riesling, Domina und Bacchus. Es gibt auch fränkische Rotweine, fränkischer Wein ist in der Regel aber weiß und trocken.

Abgefüllt wird der Wein traditionell im Bocksbeutel, einer Flasche mit flachem bauchigem Körper und kurzem Hals. Die Namensgebung ist nicht ganz geklärt. Eine mögliche Interpretation ist die Ähnlichkeit mit dem Hodensack des Ziegenbocks. Jedoch ähnelt der Bocksbeutel in seiner Form auch den Feldflaschen, die die römischen Soldaten bei sich trugen.

Fränkischen Wein genießt man am besten in einer der zahlreichen Heckenwirtschaften, die man beispielsweise bei einer Fahrradtour oder einer Wanderung durch die Weinberge erreichen kann und in denen die ortsansässigen Winzer traditionell ihren eigenen Wein ausschenken.

Die Schäufele-Frau

Immer wieder lese und höre ich von der überdurch-
schnittlichen Lebensdauer unserer asiatischen Mitmen-
schen: Hundertjährige, Hundertzwanzigjährige… Man
sagt ja, das käme von der leichten und gesunden asiatischen Küche, in der alles schonend gegart wird und überhaupt das meiste Gemüse und Reis ist. Vielleicht noch
ein bisschen Hühnerfleisch. Fränkische Küche hingegen
ist, wenn nicht mit ausreichend Bewegung oder sehr dis-
zipliniert genossen, Selbstmord auf Raten. Aber was für
ein schöner Selbstmord.

Einen schwer im Magen liegenden Beweis liefert das
fränkische *Schäufele*, das ich gerade mit meiner Freundin Margit in der Bamberger Brauereiwirtschaft Spezial bestellt habe. Hier sitzt man in einer holzgetäfelten
Wirtsstube, trinkt Spezial Rauchbier mit dem unverkennbaren Geschmack nach geräuchertem Schinken und
wartet auf sein Essen, während die Bedienung einen

Klassiker der fränkischen Küche nach dem anderen an einem vorbeiträgt. Unsere Augen gleiten über die fremden Teller, doch unsere Mission heißt heute: *Schäufele*.

Menschen, die zum ersten Mal in ihrem Leben ein *Schäufele* essen, sind oft erstaunt, über wie viele Stunden der Körper im Anschluss alle Energie auf den Verdauungsvorgang anwenden muss. Nein, so ein *Schäufele* ist keine leichte Kost.

Schäufele

Beim fränkischen *Schäufele* (manchmal auch *Scheifala* oder *Schäufala* geschrieben) handelt es sich um eine gebackene Schweineschulter. Seinen Namen erhielt das *Schäufele* durch die schaufelartige Form des Schweineschulterblattes, das nach dem Verzehr auf dem Teller zurückbleibt. Der Knochen ist ein fester Bestandteil des *Schäufeles* – Kennern zufolge trägt er wesentlich zum typisch würzigen *Schäufele*-Geschmack bei. Das Fleisch der Schweineschulter ist von Haus, oder besser: Schwein aus eher mager und sehnenarm. Durch das mehrstündige Backen wird das Fleisch sehr zart und lässt sich leicht vom Schlüsselbeinknochen trennen. Auf dem Knochen findet sich noch eine Fettschicht, die beim Backen knusprig braun wird und im besten Falle Blasen wirft. Ist das Fleisch wunderbar zart, die Schwarte dagegen schön knusprig, dann ist das *Schäufele* gelungen.

Gewürzt wird der Braten in der Regel klassisch fränkisch: mit Salz, Pfeffer und Kümmel. Serviert wird das *Schäufele* in einer dunklen Bratensoße, manchmal auch mit Sauerkraut oder Salat, in jedem Fall und immer: mit Kloß.

20 Minuten und zwei Rauchbier später sitzen wir vor unserem dampfenden *Schäufele*. Alles ist so, wie es sein sollte: Die Kruste kracht beim Anschneiden, das Fleisch und die Soße haben eine leichte Kümmelnote.

Nach einem halben *Schäufele* spüre ich ein gewisses Sättigungsgefühl, lasse mir aber nichts anmerken und esse weiter. In Verbindung mit dem Kartoffelkloß, in Franken auch Grüner Kloß genannt, erreicht das *Schäufele* eine allen Diätvorschriften hohnsprechende Energiedichte. Am Ende macht sich tatsächlich ein Gefühl in meinem Magen breit, das mich glauben machen könnte, nicht nur eine Schweineschulter, sondern die ganze Sau verzehrt zu haben. Hilft nur ein drittes Rauchbier und ein doppelter Obstler.

Margit reibt sich zufrieden den Bauch und gerät in eine Art *Schäufele*-Rausch: Ein *Schäufele* zu essen, behauptet sie, das erfordere Mut. Den Mut nämlich, es am nächsten Tag auf den Hüften wiederzufinden – und damit wird es zu einer Frage der Grundeinstellung, zu einer Frage der Emanzipation! Wir beschließen, *Schäufele*, Kloß und Bier in Zukunft mit Stolz auf uns zu tragen und damit einen ganz neuen Frauentypus zu kreieren: die *Schäufele*-Frau! *Schäufele*-Frauen sind Frauen, die sich selbstbewusst nehmen, was sie brauchen, ohne nach den Konsequenzen zu fragen. *Schäufele*-Frauen sind Frauen, die sich trauen zu genießen, ohne auf gängige Schlankheitskonventionen zu achten. Für wen sind Jeans mit Stretchanteil erfunden worden? Für uns. Für die *Schäufele*-Frauen.

Zwei Obstler und noch ein Rauchbier später zückt Margit einen Kugelschreiber und beginnt, auf den vor uns liegenden Bierfilzen ein Manifest zu verfassen, und was für ein Manifest! Sie überlegt kurz, dann schreibt sie: »*Schäufele*-Frauen aller Länder, vereinigt euch!« Aufgrund des mittlerweile fortgeschrittenen Alkoholisierungsgrades fällt der Schwung, mit dem die frischgebackene *Schäufele*-Frau Margit schreibt, etwas größer aus, sodass sie direkt auf der karierten Wachstischdecke weiternotiert.

Schäufele-Frauen aller Länder, vereinigt euch!

Ein Manifest, orientiert an berühmten Stimmen der Weltgeschichte.

1. Mein *Schäufele*-Bauch gehört mir!
2. Kein Größe-36-Kleid ist so schön, wie *Schäufele* essen sich anfühlt! (Frei nach Kate Moss.)
3. Frauen, die *Schäufele* essen, sind gefährlich!

4. Abgemagerte Frauen kommen in die »Vogue«, *Schäu-fele*-Frauen kommen überall hin!

5. Wenn du zur Frau gehst, vergiss das *Schäufele* nicht!

6. Hinter jedem erfolgreichen Mann steht eine starke *Schäufele*-Frau!

7. Jeder Tag, an dem du kein *Schäufele* isst, ist ein verlorener Tag!

8. Ob Rind oder Huhn, Hauptsache *Schäufele*!

9. Man isst so viel *Schäufele*, wie man sich fühlt!

10. Nach dem *Schäufele* ist vor dem *Schäufele*!

Nach einer halben Stunde geistiger Höchstleistung und postpubertären Kicherns bekommen wir doch ein wenig Angst, wegen der verdorbenen Tischdecke belangt zu werden. Wir kaschieren das Manifest vorsichtshalber mit einem leer gegessenen Teller und beschließen, unseren *Schäufele*-Körpern den wohlverdienten Schlaf zu gönnen.

Als wir am nächsten Morgen leicht verkatert erwachen, werfen wir einen prüfenden Blick in den Badezimmerspiegel. Wir nehmen Hüfte, Taille, Oberschenkel und Kinnpartie sorgfältig unter die Lupe und suchen nach ersten speckigen Passagen, nach Erweiterungen oder Verformungen, die dem *Schäufele* zu verdanken wären. Doch das Ergebnis ist enttäuschend. Weder bei Margit noch bei mir lässt sich auch nur der kleinste Unterschied zum Vortag erkennen. Vielleicht hätten wir nicht nach Hause laufen dürfen und stattdessen ein Taxi nehmen

sollen, um nicht unnötig Energie zu verbrennen, überlegt Margit. Aber eigentlich war das erwartbar – mit
dem *Schäufele* verhält es sich wie mit allen Formen der
Emanzipation: Ein einziges *Schäufele* macht noch keinen
neuen Körper.

Also bleibt die *Schäufele*-Frau vorerst eine Geisteshaltung. Doch wir wissen: Wir sind die Keimzelle einer
ganzen Bewegung! Und an der Sichtbarkeit unserer ge-
schlechterpolitischen Einstellung werden wir in den soeben beschlossenen zukünftigen *Schäufele*-Sitzungen wei-
terarbeiten, denn: Wo ein Wille ist, ist auch ein *Schäufele*.

Rauf und runter, runter und rauf

Es ist Samstagvormittag, ich habe mich spontan zu einem Ausflug in die Großstadt entschlossen und bereue diesen Entschluss im selben Moment, als ich in die S-Bahn steige. Der Regional-Express zwischen Bamberg und Nürnberg heißt mittlerweile S-Bahn. Man kann also mit der S-Bahn von Bamberg nach Nürnberg fahren – ein Zustand, an den ich mich noch immer nicht gewöhnen kann. Ich gehöre zu den Menschen, die am Althergebrachten festhalten (man mag sie »Spießer« nennen), bei denen einfach keine richtige S-Bahn-Stimmung aufkommen will, wenn sie beim S-Bahn-Fahren auf Wald und flurbereinigte Felder blicken müssen.

S-Bahn-Fahrten tragen in meiner Vorstellungswelt immer den Beigeschmack graffitibesprühter und leicht urinsaurer Nahverkehrsbahnhöfe in urbanen Kontexten. Wenn ich aus dem Fenster sehe, will ich nichts als Tunnelschwärze oder Hochhäuser vor der Nase haben. Die Farbe Grün kommt in meiner S-Bahn-Welt nicht vor. Allerhöchstens neben den Rollfeldern von Flughäfen, wie man sie in Berlin und München mit der S-Bahn anfahren kann. Der Blick aus dem Fenster auf fränkische Wiesen und gelb strahlende Rapsfelder gehört meinem Empfinden nach nicht ins optische Repertoire einer S-Bahn-Fahrt – immerhin leitet sich der Begriff »S-Bahn« von »Stadtschnellbahn« ab und nicht von »Wald-Wiesen-kleine-Dörfer-und-Städte-Bahn«. Aber W-W-k-D-u-S-Bahn wäre im alltäglichen Sprachgebrauch schon sehr umständlich.

Mein Abteil ist gefüllt mit der klassischen Wochenendregionalbahnwurstfüllung aus fröhlichen Rentnern in bunter Freizeitkleidung, fröhlichen Rentnern in Freizeitkleidung mit Rucksäcken und der in den letzten Jahren stetig wachsenden Gruppe fröhlicher Rentner in bunter Fahrradmontur. Der verbleibende Raum, sowohl vertikal als auch horizontal, ist aufgefüllt mit nicht ganz so fröhlich wirkenden jungen Müttern, den dazugehörigen mit quengeligen Kleinkindern gefüllten Kinderwagen und unzähligen Fahrrädern, die wiederum zu den fröhlichen Rentnern in Fahrradmontur gehören. Die Rentner gucken fröhlich in die Kinderwagen und die jungen, möglicherweise alleinerziehenden Mütter starren apathisch geradeaus.

Ich, weder besonders fröhlich noch Rentnerin noch Mutter, fühle mich an Samstagvormittagen in solchen S-Bahnen immer als Teil einer Randgruppe. Menschen meines Alters und Einkommens (Anfang 30 und zumindest nicht ganzjährig am Existenzminimum) fahren in der Regel mit dem Auto, sind also selten an Samstagvormittagen in der Regionalbahn anzutreffen. Gerade wird mir auch wieder bewusst, warum dem so ist.

Ich befinde mich eingekeilt zwischen einem Kinderwagen der Marke Kiddy und einem Trekkingrad Marke Pegasus Solero Light und versuche mit größtmöglicher Gelassenheit zur Kenntnis zu nehmen, wie der Vorderreifen von Solero Light ganz sachte, aber beständig an meinem Hosenbein entlangschabt und dabei einen kleinen, sich mit jeder Berührung intensivierenden grauen Fleck auf meiner neuen Jeans hinterlässt. Die Besitzerin von Solero Light, eine ältere Dame in rosa Fahrradmontur, bekommt von den aufdringlichen Annäherungsversuchen ihres Fahrrads nichts mit. Oder aber sie ignoriert das Eigenleben ihres Gefährtes schlichtweg und lächelt gelassen vor sich hin, vermutlich in Vorfreude auf die anstehende Fahrradtour im Altmühltal. Oder aber sie erinnert sich gerade der Zeiten, als sie selbst noch als alleinerziehende Mutter mit Kinderwagen und ohne Trekkingrad unterwegs war – Alter ist manchmal auch etwas Schönes...

Ich möchte keinen unnötigen Ärger und beschließe, diesen Zustand ebenfalls mit buddhistischer Gelassenheit über mich ergehen zu lassen. Ein Samstagvormittag in der Regional- oder S-Bahn ist kein typisch fränkischer Zustand, sondern einer, den man überall in der Republik gleich schnell hinter sich bringen möchte. Die Bahn ist zudem einer der wenigen Orte, an dem mir schlecht gelaunte Menschen lieber sind als gut gelaunte. Die schlecht gelaunten sitzen meistens stumm auf ihrem Platz und versuchen, die Ohrstöpsel ihres iPhones immer tiefer in den Gehörgang zu friemeln, um die lautstarken Gespräche der gut gelaunten Passagiergruppen durch Musik zu übertönen. Leider findet der eine oder andere Gesprächsfetzen doch immer seinen Weg vorbei am Ohrstöpsel in den Gehörgang und, noch schlimmer, von dort direkt ins Hirn, wo er dann die kommenden Stunden verbleibt und sich ungefragt in den persönlichen Gedankenstrom einklinkt.

Zumindest mir geht das so. Ich merke mir alles. Etwa dass es knapp wird, wenn meine Sitznachbarin mit ihrem Gatten am Nachmittag noch zum Gießen auf den Friedhof gehen will. Oder dass man kommende Woche mal einen oder zwei Diättage einlegen möchte – bei der besten Freundin hat die Atkins-Diät super angeschlagen. Oder dass die Nachbarskinder jetzt eine Au-pair-Stelle in den USA bekommen haben, und das, obwohl sie doch gar kein Englisch können. Ich merke mir das und muss den restlichen Tag immer wieder darüber nachdenken. Wie es den sprachlosen Nachbarskindern wohl ergehen wird in Amerika, ob noch Zeit für den

Friedhofsbesuch war und ob mir eine reine Fleischdiät auch guttäte. Bestimmt! Heute habe ich nicht einmal einen MP3-Player dabei, und so prasseln die munteren Gespräche der fröhlichen Fahrradrentner ungefiltert auf mich ein. Ich schließe die Augen und ergebe mich meinem Schicksal.

Der erste Halt der S-Bahn ist Hirschaid, der zweite Forchheim, bekannt nicht zuletzt durch das jährliche Annafest, das jeden Sommer Tausende von Menschen auf den Forchheimer Annaberg treibt. In Forchheim öffnet sich die Abteiltür und schließt sich wieder, und nach wenigen Sekunden füllt ein leichter Geruch von Schweiß, begleitet von einer schwereren Alkoholnote den Raum. Das lässt sogar die fröhlichen Rentner einen Moment verstummen. Es ist ein Phänomen: Verschwitzte Menschen mit Alkoholfahne finden immer einen Platz im Zug, auch wenn scheinbar keiner mehr da ist. Und nicht nur das. Sie finden immer DEN einen freien Platz in meiner Nähe.

»*Und? Wärd heud gschbild?*«, fragt einer der Rentner.

»*Naa*«, sagt eine jüngere männliche Stimme, die ich noch nicht kenne.

Das Gespräch stagniert, bevor es überhaupt zustande kommt. Der Neuankömmling scheint nicht in Gesprächslaune.

»*Heid ned*«, schiebt ein anderer, ebenfalls jüngerer Mann hinterher.

»*Gestern homma gschbild*«, sagt der Erste.

»*Und wie is glofn?*«, fragt der ältere Herr.

»*Naa. Ned so.*«

»*Naa. Goa ned*«, präzisiert der andere.

»*Na ja. Wird scho widda*«, sagt der Erste.

Die fehlende Euphorie im Unterton hält alle Umstehenden davon ab, nach dem genauen Ergebnis zu fragen. Ich muss nicht einmal meine Augen öffnen, um sagen zu können: zwei Jungs Mitte zwanzig, abgeschnittene Jeans, Jeanskutte, rot-weiße Schals – kein Zweifel, bei den beiden handelt es sich um waschechte *Glubberer*. Und ein echter *Glubberer* trägt auch die Niederlagen seines Vereins, des 1. FC Nürnberg, mit Fassung. Den echten *Glubberer* verbindet eine starke Identifikation mit seinem Verein, er beweist aber auch große Leidensfähigkeit, befindet sich der *Glubb* doch seit Jahren in einer steten Pendelbewegung zwischen Erster und Zweiter Fußballbundesliga, zeitweise sogar Dritter Liga, und hat deshalb den Beinamen »Fahrstuhlmannschaft« inne.

Der Glubb is a Debb! – dieser Antischlachtruf entstand 1969, als der Club das scheinbar Unmögliche möglich machte und sich als amtierender Meister in die Zweite Bundesliga befördern ließ. 2008 schaffte der *Glubb* den Abstieg, nachdem er im Vorjahr DFB-Pokalsieger geworden war. Mit insgesamt sieben Abstiegen aus der Ersten Bundesliga gilt der 1. FC Nürnberg als Rekordabsteiger. Aber man kann es auch so sehen: Mit dem Club bleibt es immer spannend. Ein echter Clubfan erlebt dank seines Vereins eine breite Palette an Gefühlen, er bekommt alles geboten – von absoluter Euphorie bis zur bittersten Enttäuschung. Der *Glubb* ist nichts für Menschen, die sich nur im Glanz des Erfolgs sonnen wollen, der *Glubb* ist für Menschen, die für ihre Liebe auch leiden.

Die beiden Jungs scheinen sich in genau diesem Modus zu befinden. Sie seufzen im Gleichklang und starren, wie ich sehe, als ich die Augen öffne, wie die alleinerziehenden Mütter erschöpft vor sich hin.

»*Und, wo geht's jetzt hin?*«, fragt der Fahrradrentner.

»*Na ja. Auf Nemberch halt.*«

Was sie in Nürnberg vorhaben, wird uns wohl für immer ein Geheimnis bleiben, sie scheinen nicht gewillt, diese Information mit uns – ich fühle mich aufgrund meiner Neugierde mittlerweile als Teil der fröhlichen Rentner – zu teilen.

Ganz anders als den FC-Nürnberg-Anhängern ergeht es da übrigens der seit Jahren wachsenden Gemeinde der Bamberger Basketballfans. Zwischen dem *Glubb* und seinen Fans besteht ja ein fast ehepartnerschaftliches, oft borderline-symptomatisches, gelegentlich ins Depressive abgleitende Verhältnis der Hassliebe, das auch Krisenzeiten stoischer trotzt als die Ehe von Frédéric Prinz von Anhalt und Zsa Zsa Gabor.

Demgegenüber dürfen sich die Bamberger Basketballfans von ihrem Verein zumindest in den letzten Jahren von einem Sieg zum nächsten tragen lassen. Aber auch das war nicht immer so: Zwischenzeitlich stand der Verein mangels Sponsoren auch schon einmal kurz vor der Pleite.

Die Bamberger Basketballer, die Brose Baskets, spielen unter ihrem Trainer Chris Fleming seit Jahren ganz vorne in der Deutschen Bundesliga und gewannen in den letzten Jahren viermal die Deutsche Basketballmeisterschaft und dreimal den Deutschen Pokal. Ihr Fanclub ist mit knapp 900 Mitgliedern der größte Basketballfanclub Deutschlands. Aufgrund seiner fanatischen Basketballfans trägt Bamberg auch den Beinamen »Freak City«. Als ich einmal abends mit ein paar amerikanischen Freunden, die aus Chicago zu Besuch in Deutschland waren, in der Abendsonne vor dem Café Müller in Bamberg saß und gerade von der Beschaulichkeit und den Vorzügen des ruhigen Kleinstadtlebens erzählte, war Bamberg gerade Deutscher Meister geworden. Innerhalb von kurzer Zeit hatten sich knapp 6.000 Menschen in der Fußgängerzone versammelt, um gemeinsam zu feiern, die Ankunft ihrer Helden auf dem Maxplatz zu erwarten und sich weinend in den Armen zu liegen. Fremde Menschen! Wenn ich's doch sage! Gefühlsäußerungen, die man bei den sonst eher als emotionslos bekannten Franken durchaus als orgiastisch bezeichnen darf. Einer meiner amerikanischen Freunde brüllte mir noch ins Ohr: *»Yeah, really nice your tiny quiet town«*, bevor jedes Gespräch aufgrund der uns umgebenden Geräuschkulisse aus Trillerpfeifen, Fangesängen und Partymusik unmöglich wurde.

Ja, die Brose Baskets, das ist Euphorie pur und Klein-
stadt in Ekstase. Die Bamberger Fans sind ein Phänomen für sich – die Heimspiele der Brose Baskets sind
immer ausverkauft, und in der Stechert-Arena sind Mes-
sungen zufolge die deutschlandweit lautesten Schlacht-
rufe und Fangesänge zu hören, weshalb die Bamberger
Basketballhalle den schmeichelhaften Beinamen »Fran-
kenhölle« trägt. Die euphorische Unterstützung haben
sich die Basketballjungs aber auch verdient: In der Saison 2011/2012 gewann das Team ausnahmslos alle Heimspiele.

Von Euphorie und Ekstase kann man bei den beiden
zugestiegenen *Glubberern* eher wenig spüren. In Fürth
zieht das Stadion eines anderen fränkischen Traditions-
vereines an uns vorbei, der Spielvereinigung Greuther
Fürth. Die Fürther befinden sich in einem steten Kon-
kurrenzkampf mit den Nürnberger Nachbarn – »Lieber
Fünfter als Fürther!« – und kickten nach vielen Aufs und
Abs jahrelang zuverlässig in der Zweiten Bundesliga.
Zur Saison 2012/2013 schafften sie es sogar in die Erste
Liga.

Das Stadion der Fürther trug die letzten Jahre einen
Namen, von dem Spötter sagen, er würde den Spiel-
charakter ihres Fußballs unfreiwillig, aber auf niedliche
Art verdeutlichen: Erst hieß es Playmobil-Stadion, aber
2010 wechselte der Hauptsponsor. Fortan hieß es nach
dem Süßwarenhersteller, der bis 2012 in Franken produzierte, Trolli-Stadion ...

Beim Halt in Fürth höre ich einen der *Glubberer* leise seufzen. Vielleicht spricht daraus die Sehnsucht nach etwas mehr Glanz in seinem Dasein als *Glubberer*, vielleicht das Einsehen, dass wahre Liebe einfach mehr wiegt als tausend Siege. Vielleicht ist ihm aber auch einfach nur das zweite Frühstücksbier aufgestoßen. In Nürnberg steige ich aus, vor den Rentnern, die ihre Fahrräder aus den Abteilen hieven, und den Müttern, deren Kinderwagen sich beim Aussteigen noch einmal wie zu einer letzten zärtlichen Umarmung in den Fahrrädern der Rentner verkeilen. Die beiden *Glubberer* verschwinden in der Menschenmenge am Bahnsteig, und so verstreut sich die ganze Regionalbahnfüllung und jeder geht seiner Wege, um sich an neuen Orten mit neuen Menschen zusammenzufinden. Vielleicht in der Nürnberger U-Bahn. Aber das ist eine andere Geschichte.

Die ganze Bandbreite der menschlichen Gefühle – ein Leben für den Glubb

Es folgt ein Interview mit einem bekennenden Clubfan, der aus Gründen der Privatsphäre nicht genannt werden möchte.

Seit wann bist du Glubbfan?
Das weiß ich noch sehr gut: Ich war drei Tage alt, da hat mich mein Zimmergenosse im Krankenhaus mit dem *Glubb*-Virus infiziert. In der Grundschulzeit hat sich das dann verfestigt, erbitterte Kämpfe auf dem Pausenhof zwischen *Glubb*- und Bayernfans waren an der Tagesordnung.

Könntest du dir vorstellen, Fan von einem anderen Verein zu sein?
Höchstens vom FC Radian-Baikal Irkutsk, der spielt derzeit in Russland in der Zweiten Liga. Soweit ich mich erinnere, haben wir noch nie gegen die verloren.

Die wichtigste Frage: Was bedeutet es für dich, Fan des 1. FC Nürnberg zu sein?
Leidensfähig zu sein und die ganze Bandbreite der menschlichen Gefühle kennenzulernen. Das ist ein so unglaublich intensives Leben!

Was ist für dich das Besondere am Glubb?
Der Glubb is a Depp. Immer und immer wieder. Das findet man nicht so schnell woanders.

Was war dein persönliches Highlight mit dem Glubb?
Als ich mit einem Freund aus Norddeutschland im Stadion in der Nordkurve stand und wir 0:4 gegen irgendeine Mannschaft wie Köln oder Bremen verloren haben. Ab dem 0:2 haben wir *Glubbfans* den Spielstand einfach ignoriert und unsere Mannschaft wie die größten Sieger gefeiert. Das hat meinen Kumpel tief beeindruckt. Der denkt jetzt, das wäre immer so.

Wie sieht die Zukunft aus?
Runter, rauf, runter, rauf, Meisterschale, runter …

Okay, verstanden. Danke für das Geschbräch.
Nix zu *dangn.*

Nemberch halt ...

In den Gesteinsschichten dieser Welt finden sich Spuren von Kulturen, die heute gar nicht mehr lebensfähig
wären. Das könnte auch für einige U-Bahn-Stationen in
Nürnberg gelten, über deren eigenwillige Tropfsteinhöh-
len-Optik ich mich jedes Mal von Neuem wundere. In
Nürnberg U-Bahn zu fahren, ist zudem immer ein Erlebnis. Wo in den U-Bahn-Waggons anderer Städte der
U-Bahn-Führer sitzt, blickt man in Nürnberg durch eine
große Scheibe in das dunkle Nichts des Tunnels. Die
Nürnberger selbst haben sich schon lange an ihre führer-
losen U-Bahnen gewöhnt, ich lasse es mir aber nie nehmen, mich ganz nach vorne an die Scheibe zu stellen und
zuzusehen, wie der nächste hell erleuchtete Bahnsteig aus
dem Dunkel auf mich zukommt. Das ist ein bisschen wie
Geisterbahnfahren, nur ohne Geister.

So ziemlich jede größere deutsche Stadt hat ihre
Fans. Menschen ziehen nach Köln wegen der rheini-

schen Lebensfreude – Menschen ziehen nach Hamburg wegen der Nähe zum Meer und der hanseatischen Lebensart – Menschen ziehen nach Berlin, um ihre Kreativität auszuleben – Menschen ziehen nach München, um im Biergarten mit der Rolex zu wedeln – Menschen ziehen nach Leipzig, um eine Stadt im Wandel zu erleben. Warum Menschen nach Nürnberg ziehen, ist auf Anhieb gar nicht so leicht zu sagen. Nürnberg ist eben Nürnberg. An dieser Stelle sei gesagt: Ich mag Nürnberg.

Es ist keine liebliche Stadt, keine pompöse Stadt, keine glamouröse Stadt. Nürnberg hat eine lange Tradition als Arbeiter- und Industriestadt und bewahrt sich diese Seele bis heute. Man braucht kein Krokodil auf der Brusttasche, in Nürnberger darf's gerne ein bisschen legerer sein. Der Nürnberger ist manchmal ein *Grantler*, aber nie ein Angeber. Das gefällt mir.

Auf den Märkten dieser Welt trifft man in erster Linie Menschen, die sich die Märkte dieser Welt anschauen. So auch auf dem Nürnberger Christkindlesmarkt. Jedes Jahr zur Adventszeit fallen Horden japanischer und amerikanischer Touristen in die Stadt ein, um sich am Christkindlesmarkt zwischen Bratäpfeln, Bratwürsten, Glühwein, heißer Caipirinha, selbst geschnitztem Holzspielzeug aus dem Erzgebirge und Plastikchristbaumkugeln aus Taiwan den ultimativen Weihnachtsoverkill zu geben.

Läuft man das restliche Jahr durch die Nürnberger Innenstadt, findet man alle Attribute einer typisch deutschen Großstadt: von H & M über den Vodafone-Shop, Ein-Euro-Läden, Deichmann, Orsay, Runners Point, McDonald's, Nordsee, und natürlich darf in Bayern die Drogerie Müller nicht fehlen, die an der Nürnberger Lorenzkirche mit einer besonders großen Filiale vertreten ist. An allen Wochentagen, vor allem aber samstags, sieht man Menschenmassen mit Einkaufstüten und mürrischen Gesichtern über den Vorplatz eilen und findet sich wieder einmal in der Theorie bestätigt, dass Konsum nicht zwangsläufig glücklich und auch nicht unbedingt schöner macht. Aus dem Lush-Laden strömt der typische, für den nichtpubertierenden Geruchssinn kaum ertragbare Seifenduft. Und ein paar Meter weiter kann man in kleinen Buden Brezeln kaufen oder bei einer amerikanischen Kaffeekette, die ihre Filialen seit Jahren wie Geschwüre in den deutschen Innenstädten verstreut, einen Hot-steamed-chocolate-vanilla-caramel-aber-in-jedem-Fall-fair-trade-Kaffee aus Maßkrügen ähnelnden Kaffeetassen trinken, deren Preis dem bunten Sind-wir-nicht-alle-eine-Welt-Ethno-Image möglicherweise doch etwas widerspricht.

Nach so viel düsterer Großstadtrealität ist es nun aber wirklich an der Zeit für ein bisschen: Magic! Genauer gesagt: Mittelalter-Magic!

Begeben wir uns an den Hauptmarkt. Eine Sache sollte jeder Nürnberg-Tourist einmal tun, ob abergläubig oder nicht: am schönen Brunnen den kleinen Goldring suchen, der dort in das Gitter eingelassen ist, das den Brunnen umgibt. Der mittelalterlichen Legende nach drehten einst junge Frauen an dem Ring, damit ihr Kinderwunsch erfüllt würde. Die konstant sinkenden Geburtenraten sprechen dafür, dass sich das Spektrum der Wünsche mittlerweile vervielfältigt hat und sich die Nürnberg-Touristen inzwischen alles Mögliche wünschen. Vor allem, nachdem sie an den zahlreichen eben genannten Läden vorbeigelaufen sind und festgestellt haben, wie viele Dinge es gibt, die man noch nicht besitzt. An manchen Tagen braucht man etwas Geduld, denn es kann schon mal sein, dass man eine zehnminütige Wartezeit in der Touristenschlange in Kauf nehmen muss, um an dem Ringlein drehen zu dürfen.

Ich drehe erst an dem Ring und dann noch eine unvermeidbare Runde hoch zur Nürnberger Burg, die als Wahrzeichen über der Stadt thront. Von hier hat man einen wahrhaft erhabenen Blick über die Stadt, die sich unterhalb der Burg ausbreitet.

Nürnberg ist eine Stadt, die ihre Schönheit nicht zwangsläufig auf den ersten Blick preisgibt. Im Nationalsozialismus zur Nazihochburg umfunktioniert, wovon heute noch die Reste des Reichsparteitagsgeländes am Duzendteich zeugen, und nach dem Krieg total ausgebombt, musste sich Nürnberg erst einmal wieder neu finden. Das geschah leider über Zwischenschritte in Form einer Ansammlung geschmacksneutraler 1950er- und 1960er-Jahren-Bauten, wie sie das Bild der meisten deutschen Groß- und Kleinstädte prägen, in denen es nach dem Krieg in erster Linie darum ging, wieder genügend Wohnraum zu schaffen.

Doch dazwischen finden sich immer wieder alte pittoreske Sandsteinhäuser und Straßenzüge, die bezeugen, wie schön und eindrucksvoll Nürnberg einmal gewesen sein muss. Das ist in etwa so, wie in einer großen überregionalen Boulevardzeitung plötzlich ein Rilke-Gedicht zu entdecken. Unerwartet und wunderschön. Gerade beim alljährlichen Bardentreffen im Sommer sind viele gut erhaltene oder restaurierte Innenhöfe zugänglich und geben den Besuchern einen Eindruck vom mittelalterlichen Glanz dieser Stadt.

Verlässt man die Einkaufsmeile der Innenstadt vorbei am Weißen Turm, gelangt man zum Plärrer, einem von Dönerbuden und Kasinos gesäumten und nicht nur auf den ersten Blick chaotisch anmutenden Verkehrskreisel. Lässt man sich hier nicht abschrecken und geht noch ein Stück weiter, kommt man in einen Stadtteil, der in den letzten Jahren vom Scherben- zum Szeneviertel mutierte (mit den dazugehörigen Gentrifizierungserscheinungen wie steigende Mieten und Wohnungsknappheit): Gostenhof. Vor einigen Jahren noch sozialer Brennpunkt siedelte sich hier in den letzten Jahren, nicht zuletzt aufgrund des multikulturellen Flairs und bezahlbarer Mieten, die kreative Szene Nürnbergs an. Dabei entstanden Ateliers, kleine Werbeagenturen, Architekturbüros und Lädchen, in denen man bunt bedruckte Jutetaschen, fantasievoll gestaltete Schlüsselanhänger und Postkarten mit gewollt witzigen Motiven kaufen kann – zu Preisen, die alles andere als gewollt witzig wirken, versteht sich. In zahlreichen netten Cafés kann man bei einem der obligatorisch liebevoll belegten Sandwiches mit Öko-Parmaschinken, Bio-Rucola und eigens vom Chef nach Rezept seiner Oma angerührtem Senf-Honig-Dressing verschnaufen. Der Chef kommt in der Regel nicht aus der Gastro, hat sich hier aber einen Lebenstraum erfüllt. Dem Service merkt man das hin und wieder an, dafür ist alles sehr freundlich und modern.

In der Fürther Straße 64 findet sich ein Lieblingsort dieser jungen, hippen, kreativen und immer und überall Bionade trinkenden Spezies, der Salon Regina. Hier kann man sich in schicke Vintage-Sessel fläzen, ganz neue Szene-Limonaden mit verblüffendem Geschmack trinken, junge Menschen mit Umhängetaschen aus Lkw-Plane beobachten oder junge Frauen mit Jutebeuteln und großzügigen Rockabilly-Tätowierungen an exponierten Körperstellen, die sie in vermutlich nicht allzu vielen Jahren bereuen werden. (Aber im Moment, das muss man einfach sachlich und ohne Neid feststellen, sieht er schön aus, der überdimensionale Sonnenuntergang im noch faltenfreien und gerade erst zur Blüte reifenden Dekolleté).

Hier fühlt sich Nürnberg wirklich großstädtisch an, und man tut sich schwer, den langsam nervenden Prenzlauer-Berg-Vergleich zu unterdrücken, der wie ein Stempel seit einigen Jahren auf alle Cafés und Läden zwischen Flensburg und Villingen-Schwenningen gedrückt wird, die nichts anderes tun, als einfach nur nicht so zu sein, wie man das in kleineren oder mittleren Städten oder überhaupt an allen Orten erwartet, die zufällig gerade kein Stadtteil von Berlin sind.

Grüß Gott, Herr Masin!

Ich sitze in einem Vintage-Sessel, vor mir eine Rhabarber-saftschorle, und warte auf meinen Kollegen, den Nürnberger Liedermacher und Comedian **El Mago Masin**. Er lebt seit einigen Jahren in Gostenhof, und ich will ihm ein paar Fragen zu seiner Wahlheimat stellen. Siehe da, hier ist er schon.

Lieber El Mago Masin, du lebst im Nürnberger Stadtteil Gostenhof. Was ist Gostenhof für dich?
Gostenhof ist seit 3.300 Jahren bewohnt, aber ich lebe erst seit zehn Jahren hier. Klingt im Verhältnis dürftig. Reicht aber aus, um nicht mehr weg zu wollen. Gostenhof ist Kreativität und Individualismus gepaart mit multikulturellem Flair. Das Künstlerviertel hat eine erstaunliche Dichte und Vielfalt an Gastronomie und ist ein Biotop eigenwilliger Geschäftsideen. Unbedingt erlebenswert: der Hinterhof-Flohmarkt, das Straßenfest am 1. Mai direkt unter meinem Fenster und die tägliche Freak-Show in der Norma.

Lieblingsplätze?
Der Pegnitzgrund – sommers wie winters eine Wohl-fühl-Oase. Malerisches Grün entlang der Pegnitz bis nach Fürth. (Stopp! Dort nicht weitergehen!) Und der Nürnberger Reichswald – einfach im Tierheim am Rand des Waldes einen Hund ausleihen und losspazieren (nur für Besitzer eines Hundeführerscheins).

Was sollte man in Nürnberg auf keinen Fall tun?
Drei im Brötchen bestellen.

Gibt es etwas, dass den Nürnberger von anderen Menschen unterscheidet?
Da Nürnberg eine der am dichtesten besiedelten Groß-städte ist und sich leider in keine Himmelsrichtung mehr ausdehnen kann, leidet der Nürnberger häufig an Platz-angst, was nicht heißt, dass er Angst hat, zu platzen. Es ist auch nicht die Agoraphobie, die Angst vor weiten Plätzen, obwohl mit dem Hauptmarkt oder dem Volksfestplatz durchaus Nährboden dafür gegeben wäre. Nein, in Nürn-berg wird es tatsächlich langsam eng.

Angenommen ein Raumschiff mit Außerirdischen, die Deutsch sprechen und dazu noch interessiert an Kultur und Land und Leuten sind, würde vor dem Weißen Turm landen. Was wür-dest du ihnen zeigen? Wie würdest du ihnen Nürnberg oder Franken erklären?

> Ich würde sie direkt in ein altfränkisches Wirtshaus führen
> und den Wirt als unseren König vorstellen. Im darauffol-
> genden Gespräch würden sich die fränkischen Eigenheiten
> selbst erklären ...

Nach meinem Ausflug ins Szeneviertel Gostenhof be-
steige ich die S-Bahn in Richtung Duzendteich. Der
Duzendteich ist ein künstlich angelegter Teich und seit
Jahrzehnten schon das Naherholungsgebiet der Nürnberger. An Wochenenden mit gutem Wetter stapeln sich
hier Fußgänger und Inlineskater, die ihre Runden um
den Teich drehen, und auf dem Wasser paddeln Kanuten
und athletische Ruderer um die Wette. Wer seinen Wo-
chenendausflug bei Bier und fränkischer Hausmannskost
ausklingen lassen möchte, kann im großzügigen Biergarten vor Gutmanns Brauereiwirtschaft den Blick über
den See und das Reichsparteitagsgelände schweifen lassen. Etwas unheimlich und morbide klotzt die ehemalige Kongresshalle, die in ihrer Form an das Kolosseum
in Rom angelehnt ist, in der Landschaft herum. Auf dem
Gelände befindet sich auch das Dokumentationszentrum, das an die wohl düsterste Zeit dieser Stadt erinnert.
Doch wo vor einigen Jahrzehnten noch aufmarschiert
wurde, fährt man heute Inlineskates oder besucht Kon-
zerte. Und während Ihr inneres und Ihr äußeres Auge
über dieses unglaubliche zeitliche und räumliche Nebeneinander blicken, können Sie sich schon einmal über-

legen, in welchem Nürnberger Museum Sie mit sonnen-
verbranntem Nacken und zarten Schwielen an den Füßen
den heutigen Stadtspaziergang ausklingen lassen wollen.

Kuldua in Nürnberg

Neues Museum Nürnberg

Eine Frau in Allwetterjacke, vor einer Vitrine mit Müll ste-
hend: »Ach, und das ist jetzt Kunst? Na, das kann ich aber
auch.« Eine Szene, die sich hier wahrscheinlich öfter ab-
spielt.

Klarissenplatz

www.nmn.de

Albrecht-Dürer-Haus

Man nehme sich einen Hasen und einen Kunstpelzmantel,
werfe sich beides über die Schulter und huldige dem Meister!

Albrecht-Dürer-Straße 39,

www.museen.nuernberg.de/duererhaus

Spielzeugmuseum

Wie so vieles im Leben: nicht nur für Kinder!

Karlstraße 13–15,

www.museen.nuernberg.de/spielzeugmuseum

Germanisches Nationalmuseum

Für alle, die schon immer wissen wollten, wer wir waren und wer wir sind. Und vielleicht: warum.

Kartäusergasse 1

www.gnm.de

Dokumentationszentrum Reichsparteitagsgelände

Warum wir waren, wie wir waren und hoffentlich nie mehr sein werden.

Bayernstraße 110

www.museen.nuernberg.de/dokuzentrum

Wo wir entlanggelaufen sind

Salon Regina

Fürther Straße 64

www.salonregina.de

Gutmann am Duzendteich

Bayernstraße 150

www.gutmann-am-dutzendteich.de

Von Ikea
nach Herzo Base

In Franken gibt es natürlich nicht nur Bierfeste, defti- ges Essen und dialektale Besonderheiten. In Franken gibt es Dinge, die es in dieser Art auch andernorts geben könnte. Zum Beispiel: schwedische Vornamen und einen Sportartikelhersteller.

Hin und wieder werde ich gefragt, was das eigentlich bedeutet: »Metropolregion Nürnberg«. Ich antworte dann, dass man sich die Metropolregion Nürnberg als eine Art Großstadt vorstellen kann, nur hat sie statt Häusern Felder in der Mitte.

Zur Metropolregion Nürnberg zusammengefasst wurden Mittelfranken, nahezu ganz Oberfranken, etwa die Hälfte der Oberpfalz und ein kleiner Teil Unterfrank- ens schon vor einigen Jahren.

Ich glaube, fühlbar geändert hat sich seitdem nicht sehr viel. Metropolregion klingt einfach moderner, wobei den einen oder anderen Forchheimer, Bamberger oder Veitsbronner bei der Einführung des neuen Status als Metropole die Angst überfallen haben könnte, sein kleines Örtchen würde in Zukunft zu einem Vorort von Nürnberg degradiert. So ergeht es dem kleinen und eigentlich sehr selbstständigen Städtchen Fürth, das die Nürnberger liebevoll verspotten, nun schon seit Jahrzehnten: »Was ist das beste an Fürth? Die S-Bahn nach Nürnberg!« Und das nur, weil Fürth das Pech hat, mit seiner Stadtgrenze direkt an die Frankenmetropole zu stoßen.

Vergleicht man fränkische (Vor-)Orte mit dem Klischee der französischen *banlieues*, sind fränkische Städtchen und Dörfer immer noch recht harmlos und kommen in den meisten Fällen ohne brennende Mülltonnen aus. Hier dominiert weniger der soziale Wohnungsbau als vielmehr der mittelständische und allerhöchstens zweistöckige Reihenhausbau mit Solarzellen auf dem Dach und Regenwasserzisterne im Garten. Brennen tut hier allerhöchstens der niegelnagelneue Pelletofen, der ja mittlerweile nicht mehr nur in Baden-Württemberg zur Grundausstattung eines jeden linksliberalen Lehrer-Eigenheims gehört. Und Lehrer-Eigenheime, auch linksliberale, gibt es allerlei in Franken.

Was ich übrigens an S-Bahn-Fahren in deutschen Großstädten im Allgemeinen und in der Metropolregion

Nürnberg im Besonderen liebe, ist der sekundenkurze Blick, den man in Wohnungen und Zimmer werfen kann, deren Besitzer oder Mieter das Pech haben, direkt an der S-Bahnstrecke zu wohnen (ich sehe das zumindest als Pech, es sei denn man hat einen Fetisch für S-Bahn-Geräusche, dann ist die Lage natürlich perfekt und ich würde meine Einschätzung revidieren). An dieser Stelle sei gesagt, dass ich mich überhaupt sehr für Wohnungen und Lebensweisen anderer Menschen interessiere. Manchmal wünsche ich mir, dank Röntgenblick durch Wände in fremde Wohnzimmer gucken zu können, um zu sehen, was sich hinter neu- oder altmodischen Gardinen und Mauern aus mal mehr, mal weniger blühenden Orchideenansammlungen in farblich nicht abgestimmten Töpfen verbirgt.

In Nürnberg und Fürth würde man vermutlich feststellen, dass die Einrichtung vieler Wohnungen zu beträchtlichen Teilen aus Möbeln mit vermeintlich schwedischen Namen besteht. Grund dafür ist das blau-gelbe Möbelhaus, das sich vor Jahren in Fürth angesiedelt hat und die Region zuverlässig mit Geschirr, Regalvorrichtungen, Teppichen und Bilderrahmen in lässig-schwedischem Design versorgt.

Kaum ein Fürther, der nicht irgendwann den Weg in den blau-gelben Kasten findet, um schlussendlich ein Serviettensortiment, ein Platzdeckchen, ein Schneidebrettchen aus Plastik oder einen Basthocker zu erwerben, im Selbstbedienungsrestaurant ein paar lauwarme

Köttbullar zu essen und sich an der Getränkezapfstation für einen Euro einen Cola-, Fanta- oder Cranberrysaftrausch anzutrinken. Unter der Woche, bevorzugt aber an Samstagen, pilgert das gesamte fränkische Einzugsgebiet nach Fürth, um Tonnen von Echtholz imitierender Pappe nach Hause zu schaffen.

Wenn ich mich in den letzten Jahren in der fünfzig Meter langen Schlange vor der Kasse bei IKEA wiederfand, hatte ich meistens eine mehr oder weniger lebenswichtige Veränderung hinter oder vor mir oder war gerade mittendrin. Ob eine neue Wohnung oder einfach das Gefühl, mal was ändern zu müssen: Jeder kleinere oder größere Neuanfang wurde von einigen neuen Regalmetern, einem farbenfrohen Duschvorhang und neuen Kissenbezügen begleitet – je nach Lebenslage fröhlich bunt (dynamischer Neuanfang) oder eher in erdigen Tönen gehalten (Sehnsucht nach mehr Ruhe und Konstanz).

Jede Fahrt zu IKEA ist immer auch die Hoffnung auf Neubeginn, sei es beruflich oder privat, sei es der erste Auszug von Zuhause, die erste gemeinsame Wohnung mit dem neuen Freund oder die erste Wohnung ohne den alten Freund, vielleicht sogar das Babyzimmer, das junge Paare ja gerne ganz in IKEA einrichten, auf dass ihr Kind möglichst individuell werde. Neue Wohnung, neue Stadt, neue Beziehung, erneut Single, Kinderkriegen: alles begleitet von IKEA – und von einem Ausflug nach Fürth.

Angesichts der vielen Hoffnungen und Träume, die täglich zu Hunderten auf dem Parkplatz vor IKEA halt-machen, um in Form von Regalen, Schränken oder bunten Handtüchern materialisiert zu werden, müsste doch eine besondere Energie über der Stadt liegen. Vielleicht in Form eines zartvioletten Leuchtens. Oder eines blau-gelben. Eine Aura des Positiven und des Neuanfangs, eine Aura des Erwachens. Tja, so denkt man... Ein Fürthbesuch ist vielleicht nicht gerade ein spirituelles Erlebnis, trotzdem sollte man es sich nicht nehmen las-sen, nach einem Besuch bei IKEA eine Runde durch die Fürther Innenstadt zu drehen. Um den Grünen Markt herum finden sich schönes Fachwerk und barocke Sand-steinhäuser, und in den Kneipen und Restaurants der Gustavstraße kann man neue Lebensabschnitte begießen oder auch einfach mal so ein Bier trinken, ohne Neuan-fang und durchaus auch ohne vorangegangenen IKEA-Besuch.

Aber auch andernorts gibt sich Franken global. Ein kleiner fränkischer Ort bestimmt seit Jahrzehnten die Optik des internationalen Sports und kleidete nach dem Erfolg einiger Hamburger Indie-Bands in den 1990er-Jahren sogar eine ganze Jugendbewegung ein. Fährt oder läuft man durch das kleine Örtchen Herzogenaurach in der Nähe von Nürnberg, entdeckt man beim Durch-queren der Innenstadt, beim Tanken oder in der Warte-schlange im Supermarkt ein seltsames Phänomen. Die drei Streifen.

Neu-Herzogenauracher nehmen die eigene, oftmals schleichende Veränderung anfangs gar nicht wahr, bis sie selbst eines Morgens erwachen und – beispielsweise an ihrem Schlafanzug oder an der Jogginghose – die ersten Streifen finden. Dann steigen sie in ihre Hausschuhe, die ihr Leben lang von Birkenstock waren, und bemerken, dass sie statt des Korks und des Leders der letzten 20 Jahre plötzlich gefederte Plastik-Hightech-Latschen mit Neon-Applikationen in modischen Farben tragen – mit den drei markanten Streifen an beiden Seiten. Sie schlurfen auf ihren Hightech-Latschen ins Bad, nehmen das Duschgel in die Hand, auf dem drei Streifen prangen, um sich anschließend mit einem Handtuch, auf dem sich wiederum drei Streifen befinden, abzutrocknen. Auf Schuhen, Taschen, Jacken, Mützen, auf der Oma und am Kind, überall drei Streifen.

Unkundige könnten zu der Vermutung kommen, dass sich hier eine Sekte niedergelassen hat, deren Erkennungszeichen die drei Streifen sind. Oder dass es sich bei den Herzogenaurachern womöglich um einen Volksstamm handelt, dessen optisches Erscheinungsbild schon seit Jahrhunderten durch drei Streifen auf Schultern und Brust gekennzeichnet ist. Vielleicht waren die drei Streifen in grauer Vorzeit ein Fruchtbarkeits- oder Initiationsmerkmal und haben sich bis heute gehalten?

Bekommen Kinder zur Konfirmation die ersehnten drei Streifen von der Oma auf die Jacke genäht? Oder junge Männer, die zum Wehr- oder Zivildienst aufbrechen, von ihrer Liebsten als eine Art Treueversprechen ans Revers? Sind sie eine militärische Auszeichnung? Für besondere Verdienste im feindlichen Ausland, etwa in Bayern?

Nichts von alledem und von alledem ein bisschen ist wahr.

Herzogenaurach ist der Stammsitz von Adidas. Adolf »Adi« Dassler ist hier geboren und baute von hier aus sein weltweites Imperium auf. Vor den Toren Herzogenaurachs liegt der Stadtteil Herzo Base. Der heißt so, weil er lange Zeit eine Basis der amerikanischen Streitkräfte war. Inzwischen aber gehört er zu großen Teilen Adidas. Hier gibt es nicht nur einen eigenen Verkehrskreisel und ein Kongresshotel, sondern auch eine austernförmige Raumstation: der riesige Adidas-Outlet-Store, über dessen Eingang aufwendig produzierte Gehirnwäsche-Werbevideos in Dauerschleife laufen. Direkt gegenüber liegt übrigens ein McDonald's. Aber zum Glück – oder gerade deswegen? – ist Sportkleidung ja in der Regel elastisch.

Kauft man bei Adidas ein, lässt sich ein ähnliches Phänomen wie bei IKEA beobachten: Etwa eine Stunde, nachdem man die Tür unter dem riesigen Bildschirm passiert hat (bei IKEA kann sich diese Stunde zu mehreren steigern), befindet man sich wieder auf dem Parkplatz, mindestens zwei schwarze Plastiktüten mit jeweils drei weißen Streifen in der Hand, gefüllt mit pinkfarbenen T-Shirts und neongelben Kapuzenpullovern, bei denen man sich spätestens in der nächsten Woche fragen wird, welche halluzinogenen Drogen ihre Designer geschluckt haben und – noch schlimmer! – man selbst, bevor man sie gekauft hat.

Zu Hause angekommen räumt man die in ihrer Summe dann doch nicht mehr so günstigen Kleidungsartikel in einen hinteren Teil des ohnehin schon recht vollen Kleiderschranks. In den kommenden Monaten startet man immer mal wieder den Versuch, im neongelben Kapuzenpullover aus dem Haus zu gehen, nur um dann festzustellen, dass man sich in einem neongelben Kapuzenpullover doch nicht wirklich wohlfühlt. Möglicherweise liegt das daran, dass Neonfarben und menschliche Körper einfach nicht zusammenpassen, auch wenn man im Herzen von Herzo Base für einen kurzen Augenblick dem Glauben aufgesessen ist, das Leben könnte allein durch das Tragen schreiend gelber Kapuzenpullover mit blauen Streifen ein besseres werden.

Ich beschließe an dieser Stelle das Kapitel, um mich dem Aufbau eines neuen Bücherregals zu widmen, das ich mir heute Vormittag in einem schwedischen Möbelhaus gekauft habe.

Mein Leben fühlt sich danach nicht zwingend besser an. Aber meine Bücher sind besser verstaut und liegen nicht mehr auf dem Boden rum. Insofern kann man durchaus von einer kleinen Verbesserung sprechen. Und über das Loch, das ich mir beim Ausrichten des Regals in den neongelben Pulli gerissen habe, den ich bei solchen

Arbeiten gewöhnlich anziehe, ärgere ich mich auch nicht allzu sehr.

Ich mag eh lieber gedeckte Farben. Muss ja nicht immer alles leuchten.

Zusammenfassung und Ausblick

Nach all den wunderbaren Traditionen des Fränkischen, die ich in diesem Buch vorgestellt habe, möchte ich zum Abschluss einen Blick in die Zukunft werfen: Wohin könnte es gehen mit Franken? Wie werden sich die Franken weiterentwickeln? Werden wir auch in 38 Jahren noch Leberkäse essen? An dieser Stelle, zum krönenden Abschluss des Büchleins, ein paar mögliche Szenarien (Ähnlichkeiten mit der irgendwann tatsächlich eintreffenden Zukunft sind allerdings rein zufällig)...

Die Separatisten setzen sich durch und Franken wird 2050 doch noch ein eigenes Bundesland, vor allem aber: unabhängig von Bayern. In den darauffolgenden Jahren werden die Unterschiede zum restlichen Deutschland deutlich, sodass Franken nicht zuletzt wegen seiner ausgeprägten Eigenarten schließlich ein ganz eigener Staat wird, ganz so wie Liechtenstein oder Monaco. Zu diesem Zweck werden ein paar Nachfahren berühmter Franken rekrutiert und als Herrscher eingesetzt. Vielleicht wird die Familie zu Guttenberg wieder rehabilitiert oder die Nachfahren des großen Thomas Gottschalks auf den Thron gesetzt. Auf jeden Fall residiert die Herrscherfamilie standesgemäß, und zwar auf der Nürnberger Burg. Wahlweise noch auf der Veste Coburg, der Plassenburg in Kulmbach oder, wenn es etwas mondäner sein soll, in der Würzburger Residenz.

Ausgestattet wird das fränkische Herrscherpaar natürlich von Adidas. Die ersten Herrscherkollektionen erinnern noch etwas an die Outfits diverser gestürzter Staatsoberhäupter des Nahen Ostens. Aber nach einigen optischen Anlaufschwierigkeiten bekommen die Outfits des fränkischen Herrscherpaares schnell Kultstatus und werden in einschlägigen Modeblogs von New York bis Tokio als der absolut heißeste Scheiß seit der Erfindung der Fahrradrücktrittbremse gefeiert. Für Nürnberg werden ein paar Promis eingekauft, die ab und zu ihre Latte macchiato in der Fußgängerzone um den Weißen Turm herum trinken, um von Paparazzi abgelichtet zu werden, damit nun auch Nürnberg etwas mehr München- oder Berlin-Flair bekommt. Schließlich braucht jedes Land eine ordentliche Boulevardpresse, sonst ist es doch vollkommen unbedeutsam.

Was Franken aber auch dann noch fehlt: ein Alleinstellungsmerkmal, das es trotz seiner geringen Größe auch für Wirtschaftsinvestoren interessant macht. Liechtenstein oder Monaco haben ihre steuerlichen Vorteile. Ein Steuerparadies jedoch wird Franken nicht werden, da die fränkische Fußballnationalmannschaft zu viel Geld verschlingt. (2068 werden sich der 1. FC Nürnberg und die SpVgg Greuther Fürth zu einem Verein zusammenschließen. Als die ersten Gerüchte darüber aufkommen, meint der gerade amtierende Papst Kevin I.: »Wenn der 1. FC Nürnberg und Greuther Fürth es schaffen, friedlich unter einem Stadiondach zu leben, sollte das für die katholische und evangelische Kirche auch kein Problem darstellen.« Daraufhin wird ein bedeutendes Stück Kirchengeschichte geschrieben …) Die fränkische Fußballnationalmannschaft entwickelt als erfolgreichste Taktik übrigens das Zustellen des Tores: Neben dem ohnehin sehr mächtigen Torwart verstellen die anderen Spieler mit ihren massigen Körpern einfach das Tor. Oder stellen ein paar Bierkästen ins Tor. 2068 werden die Regeln im Fußball ohnehin gelockert, um mehr Platz für Werbung zu schaffen.

Außerdem wird Franken Kernland des post-postmodernen Feminismus. Die *Schäufele*-Frauen gelten weltweit als Vorturnerinnen der modernen Frau. Eine fränkische Ulla Popken kommt auf den Titel der »Vogue«, woraufhin ein weltweiter Plus-Size-Trend entsteht. In der Mode allgemein sind die *Schäufele*-Frauen für eine Trendwende verantwortlich, die so niemand voraussehen konnte: Statt Gucci-Handtasche trägt die moderne Frau

2070 einen Kasten Bier unterm Arm. Auch Schoßhünd-
chen à la Paris Hilton sind in der zweiten Hälfte des
ersten Jahrtausends wieder aus der Mode gekommen –
It-Girls 2070 züchten Karpfen, die sie in kleinen Aqua-
rien mit sich herumtragen. Und, wenn der Hunger sie
überkommt, essen.

Starbucks wird seine Filialen schließen müssen, überhaupt kann die Menschheit keinen Coffee to go mehr
sehen, geschweige denn trinken. Stattdessen erobert eine
fränkische Slow-Food-Kette die Welt. Sie trägt den
simplen Namen Starschäufele. Im Inneren der über die
ganze Welt verstreuten Filialen dominieren Elemente
fränkischer Wirtshäuser die Einrichtung, statt Kaffee
gibt es Bier und statt Donuts *Schäufele*. Und zwar morgens, mittags und abends. Das Personal trägt auf keinen
Fall Namensschilder, und grundsätzlich wird man nicht
oder nur unfreundlich begrüßt. Das trägt erheblich zum
Kultstatus von Starschäufele bei, da die Menschheit der
jahrzehntelang verordneten Dienstleistungsfreundlich-
keit diverserer Kaffeehausketten ohnehin überdrüssig geworden ist.

Der fränkische König spricht andauernd vor der
UNO, allerdings weniger wegen seiner intellektuellen
und politischen Begabung, sondern vor allem, weil er
immer gutes Bier mitbringt. Aus diesem Grund ist er
auch gern gesehener Gast auf allen anderen Gipfeln dieser Welt und versöhnt durch seine gesellige und gast-
freundliche Art so ganz nebenbei alle Staaten und Reli-

gionsgemeinschaften dieser Welt. Abgesehen von einigen Asiaten, denn die vertragen auch im neuen Jahrtausend noch keinen Alkohol. Aber zumindest die Engländer bezeichnen die Deutschen dann nur noch in jedem zwei-eindrittelsten Satz als Nazis und auch die Holländer finden uns mittlerweile ganz *lekker*.

Nachdem der Eurovision Song Contest 2078 im Bayreuther Festspielhaus stattgefunden hat, wird Bayreuth zu einem Geheimtipp der europäischen Schwulenszene, was der Stadt einfach guttut. Anlässlich des Eurovision Song Contest verfasst und komponiert ein Nachfahre der Autorin außerdem eine neue fränkische Nationalhymne, die durch ihren Minimalismus und Naturalismus ein Stück Nationalhymnenmusikgeschichte schreibt: Sie besteht aus einem Schluckgeräusch als Grundmotiv, das von Vogelgezwitscher und einem Bierkellersoundteppich begleitet wird.

Einzig Aschaffenburg bleibt wie es ist und wird um die Jahrhundertwende zu einer Art fränkischem Rothenburg ob der Tauber: Riesige Gruppen von Japanern fahren nach Aschaffenburg, um eine Stadt zu sehen, deren Stadtkern um den Bahnhof herum sich seit 2012 nicht mehr verändert hat, worauf die Aschaffenburger sehr stolz sind.

Na ja, vielleicht ändert sich auch im restlichen Franken gar nicht so viel. Vielleicht bleibt vieles, wie es ist, vielleicht bleibt sogar das *Schäufele* ein hiesiges Gericht und wird nicht zum weltweit vermarkteten Branding.

Den Franken selbst würde das vermutlich gar nicht stören. Der nämlich setzt sich in seinen Garten oder die
nächste Wirtschaft, macht sein Bier auf und denkt sich:
BASSD SCHO.

Wörterbuch

Allmächd!	Allmächtiger Gott;
	Ausruf des Erstaunens
auf den Keller gehen	in den Biergarten gehen
Baamwullna	Klöße
	aus gekochten Kartoffeln
Baggers	Kartoffelpuffer
Bangerd	ungezogenes Kind
Bassd scho	Passt schon
Bederla	Petersilie
brunzn	urinieren
Dorschd	Durst
Erdäpfl	Kartoffeln
etzadla	jetzt
fei	vgl. engl. *actually*
Geknickte	Würzburger Bratwurst
gell	Ausdruck der Bekräftigung

Gieger	Hahn (das Tier)
Griena Glees	Klöße aus rohen Kartoffeln
Gunga	der Junge, das Mädchen
Herrschafdszaidn!	Mensch!;
	Ausruf der Verärgerung
Ich wer der glei helfn!	Auf meine Hilfe brauchst du
	nicht zu zählen.
Kerwa	Kirchweih
Laabla	Brötchen
Madla	Mädchen
naa	nein
nochadla	nachher
Rollodn	Braten aus eingerolltem
	Rindfleisch
Rowern	Schubkarre

Schnitt	ein letztes Bier, dass man bestellen kann, wenn man kein ganzes *Seidla* mehr trinken mag oder kann; so gezapft, dass das Glas nur halbvoll ist, die andere Hälfte ist Schaum (ein Kneipenabend in Franken sollte immer mit einem *Schnitt* abgeschlossen werden)
Seidla	halber Liter Bier
U	Abkürzung für ungespundetes Bier
waafn	sprechen, reden, unterhalten
weng (a)	wenig (ein)
Ziebeleskäs	Quarkgericht mit Schnittlauch, Sahne, Salz, Pfeffer und Zwiebeln

Raum für eigene Notizen

Raum für eigene Notizen

Raum für eigene Notizen

Raum für eigene Notizen

Raum für eigene Notizen

Raum für eigene Notizen

_____
_____
_____
_____
_____
_____
_____
_____
_____
_____
_____
_____
_____
_____
_____
_____
_____
_____
_____
_____
_____
_____
_____
_____
_____

Raum für eigene Notizen

_____

_____

_____

_____

_____

_____

_____

_____

_____

_____

_____

_____

_____

_____

_____

_____

_____

_____

_____

_____

_____

_____

_____

_____

_____

_____

_____

Raum für eigene Notizen

Raum für eigene Notizen

Raum für eigene Notizen

FETTNÄPFCHENFÜHRER

www.fettnäpfchenführer.de

Die Buchreihe, die sich auf vergnügliche Art dem Minenfeld der kulturellen Eigenheiten widmet.

 ÄGYPTEN ISBN 978-3-934918-59-7

 BRASILIEN ISBN 978-3-934918-92-4

 CHINA ISBN 978-3-934918-54-2

 FRANKREICH ISBN 978-3-934918-74-0

 GRIECHENLAND ISBN 978-3-934918-82-5

 GROSSBRITANNIEN ISBN 978-3-943176-31-5

 INDIEN ISBN 978-3-934918-85-6

 ITALIEN ISBN 978-3-934918-47-4

 JAPAN ISBN 978-3-943176-24-7

 KANADA ISBN 978-3-934918-77-1

NEU ab Okt 2012

 MEXIKO ISBN 978-3-943176-03-2

 NEUSEELAND ISBN 978-3-934918-58-0

 NORWEGEN ISBN 978-3-934918-56-6

 ÖSTERREICH ISBN 978-3-934918-76-4

 RUSSLAND ISBN 978-3-934918-48-1

 SCHWEDEN ISBN 978-3-934918-43-6

 SPANIEN ISBN 978-3-934918-75-7

 SÜDAFRIKA ISBN 978-3-934918-42-9

NEU ab Okt 2012

 THAILAND ISBN 978-3-943176-20-9

 USA ISBN 978-3-943176-16-2

CONBOOK VERLAG
www.conbook-verlag.de

Mzansi, das ist das neue Südafrika: bunt, widersprüchlich, überwältigend. Ort des Untergangs und der guten Hoffnung, der hart erfochtenen Demokratie und der Polygamie, wo Gold, Geld und Glitzer auf weitläufige Wellblechslums treffen. Heimat einer westlich orientierten Gesellschaft, die sich zur Diagnose von Krankheiten am liebsten den toten Ahnen anvertraut.

Begleiten Sie Elena Beis auf ihrer Reise durch die Viertel und Völker der Regenbogennation. Treffen Sie schillernde Mafiabosse und *Miracle Doctors*, lachen Sie bei einem politisch inkorrekten Comedy-Abend, streifen Sie durch die ebenso mörderischen wie herzerwärmend menschlichen Cape-Flats-Vororte und essen Sie auf die einzig richtige Art *Bunny Chow*. Am Ende werden Sie um 151 berührende Einblicke in dieses faszinierende Land reicher sein.

Elena Beis

Südafrika 151
Portrait einer sich wandelnden Nation
in 151 Momentaufnahmen

ISBN 978-3-943176-18-6

Erleben Sie mit den Büchern der Reihe »**151**« faszinierende Momentaufnahmen der Kultur und Gesellschaft eines Landes, begleitet von Geschichten, persönlichen Eindrücken und einem Blick hinter die Kulissen. Bücher für Entdecker und Liebhaber und diejenigen, die es werden wollen.

www.1-5-1.de

Lisa Graf-Riemann: **Spanien 151**
ISBN 978-3-943176-12-4

Andrea Glaubacker: **Indien 151**
ISBN 978-3-943176-02-5

CONBOOK VERLAG
www.conbook-verlag.de

Holger Hommel mischt alte Geschichten mit aktuellen Beobachtungen und zeichnet auf unterhaltsame Weise ein liebenswertes Gesamtbild der Schwaben.

Holger Hommel
SCHWABENLAND
Wo einem der Marsch gekocht und
nicht geblasen wird – ein Heimatbuch
ISBN 978-3-934918-90-0

Holger Hommel, Jahrgang 1960, hat so ziemlich alle Länder dieser Erde bereist. Er bricht mit großer Begeisterung immer wieder auf, lässt sich in fremde Welten fallen, schreibt darüber und fragt sich dabei oft, wie fremd und unverständlich seine eigene Heimat wohl auf Außenstehende wirken mag. Diese Frage wird zum Ausgangspunkt einer persönlichen, sehr intensiven, aber immer liebevollen Auseinandersetzung mit seiner schwäbischen Heimat.

»Hommels Schwabenbuch liest sich so locker und leicht, dass man es bis zur 250. Seite nicht mehr weglegen mag. [...] Ein Buch für alle, die die Schwaben lieben (lernen wollen).« (Offenburger Tageblatt)

»Wer so genau hinschaut, wie es Hommel zu tun pflegt, der kann Listiges und Hintergründiges auch als Zugezogener zu Papier bringen. Eine schonungslose und urkomische Analyse der Gattung Schwabe.« (Marbacher Zeitung)

Die *Heimatbuch*-Reihe

 **CONBOOK** VERLAG
www.conbook-verlag.de

Alles zu den Heimatbüchern: **www.heimatbuch.de**